新幹線全車種完全圖鑑

網羅最新N700S到懷舊0系、試驗、檢測列車

人人出版

新幹線全車種
完全圖鑑

網羅最新N700S到懷舊0系、
試驗、檢測列車

新幹線的
各種樣貌
4

新幹線的各種

様貌

新幹線的各種樣貌

新幹線
的各種
樣貌

西九州新幹線專用的N700S「海鷗號」，採4輛編組的形式運行

新幹線的開業

日本最新的新幹線路線「西九州新幹線」已於2022年9月23日開通，JR九州自行改造的專用車輛，由6輛編組而成的N700S列車也成為焦點。

西九州新幹線原先是整備新幹線計畫中連結博多～長崎間的九州新幹線・西九州路線，而計畫中的另一條是連結博多～鹿兒島中央間的九州新幹線・鹿兒島路線，兩條路線的分叉點在筑紫平原。但由於佐賀縣持反對意見，目前通車的路段僅武雄溫泉～長崎間。因此博多～武雄溫泉間得先搭乘在來線特急「接力海鷗號」，於武雄溫泉站同一月台的對側再換乘行駛武雄溫泉～長崎間的新幹線「海鷗號」。

建設當初曾預定導入可先後運行於在來線和新幹線的軌距可變列車，但因開發遇到困難而放棄，遂改以目前的方式運行。

西九州新幹線的營業距離約為66公里。由於採轉乘方式連接，博多～長崎間的路程只縮短了約30分鐘。當時也出現「這樣還有興建新幹線的意義嗎？」這樣的質疑言論，但車輛搖晃少、搭乘舒適又能省下時間，皆有利於觀光和經濟的發展。而且往返能縮減1個小時，也就代表移動範圍大幅增加了。

新幹線的優點在於可一次載運大量乘客高速移動，從上車到下車的搭乘難度極低。直接的競爭對手是飛機，但舉凡前往機場的交通、安全檢查和搭乘、起飛、降落後的時間及搭乘中的自由度，新幹線都來得方便許多。尤其在中距離的移動上，新幹線的優勢更是明顯。

何謂整備新幹線

日本的新幹線是根據《全國新幹線鐵道整備法》1971～1973年頒布的「確定開始建設新幹線鐵道路線基本計劃」，依1973年命名為「整備新幹線」的整備計劃動工興建（不包含東海道、山陽、東京～盛岡間的東北、上越、成田、中央等新幹線）。

目前建設中的整備新幹線，只有預計於2024年春天通車的北陸新幹線・金澤～敦賀間，及預定在2030年底開業的北海道新幹線・新函館北斗～札幌間。另外，離動工還很遙遠的北陸新幹線・敦賀～新大阪間、西九州新幹線・新鳥栖～武雄溫泉間也是整備新幹線。一切的建設雖然以計畫為基礎，但過程中也會考量JR各公司的收益性，並聆聽地方政府的意見。

此外還有11條路線（參照右圖）沒有決定整備計畫，但已制定了基本計畫。除了中央新幹線已改由磁浮中央新幹線接手外，連結福島～山形～秋田的奧羽新幹線、連結富山～新潟～秋田～青森等日本海側城市的羽越新幹線，以及連結大阪～高松、松山、高知～大分的四國新幹線（四國新幹線＋四國橫斷新幹線）等路線也都積極在推動實現中。

何謂迷你新幹線

可能有人會想說：「咦，不是還

遍布全日本的
新幹線

列入基本計畫
的新幹線

全國新幹線鐵道整備法於1970年頒布，當時東海道新幹線已經通車營運，山陽新幹線則正在建設中。

1971年公告了東北新幹線（東京都～青森市）、上越新幹線（東京都～新潟市）與成田新幹線（東京都～成田市），其中的成田新幹線已於1987年失效；1972年公告了北海道新幹線、北陸新幹線、九州新幹線；1973年公告了剩下的其他新幹線。目前還在建設中的路線，就是整備計畫所決定的路線。

從列入基本計畫的路線來看，幾乎都具有「能讓旅行更增添樂趣」的效益。50年前制訂的這些計畫，未來究竟會如何發展，著實令人期待。

與在來線採接力方式運行的西九州新幹線。在原先的計畫中，博多～長崎間雖屬整備新幹線，但與地方政府溝通後做出了一些調整和彈性應對。於武雄溫泉站轉乘時，由於在來線特急和新幹線的車輛長度不同等因素，車輛停靠的位置不一定會在正對面，但轉乘過程其實非常順暢

營運中的新幹線	建設‧延伸中的新幹線	整備新幹線計畫
—— 東海道新幹線	---- 磁浮中央新幹線	••••• 北海道南迴新幹線
—— 山陽新幹線	---- 北陸新幹線	••••• 奧羽新幹線
—— 東北新幹線	---- 北海道新幹線	••••• 羽越新幹線
—— 上越新幹線		••••• 北陸‧中京新幹線
—— 北陸新幹線		••••• 山陰新幹線
—— 九州新幹線		••••• 中國橫斷新幹線
—— 北海道新幹線		••••• 四國新幹線
—— 西九州新幹線		••••• 四國橫斷新幹線
		••••• 九州新幹線
營運中的迷你新幹線		••••• 東九州新幹線
—— 山形新幹線		••••• 九州橫斷新幹線
—— 秋田新幹線		

有秋田新幹線和山形新幹線嗎？」
其實這兩條路線並非整備新幹線。
所謂的新幹線，指的是列車在主要
區間能以時速200公里以上高速行駛
的幹線鐵路（1435毫米軌距的新幹
線又被稱為全規格新幹線）。

　而秋田新幹線和山形新幹線其實
是在來線，只將原本在來線1067毫
米的軌距，拓寬成與新幹線同樣的
1435毫米，但既存的車站月台、隧
道和鐵道本身的鋪設規格維持不
變。也就是說，普通的新幹線車輛
並無法通行，且最高時速只有130公
里。這種由在來線拓寬而來的規格
就稱為「迷你新幹線」。

　迷你新幹線用的車輛經過特殊設
計。為了配合在來線，必須縮減車
輛的寬度，車廂與新幹線月台間的
空隙因此變大，便會在車門配置踏
板以協助乘客順利上下車。在安全
裝置方面，除了同時備有新幹線用
的自動列車控制裝置及在來線用的
自動列車停止裝置（ATS-P）外，
車輪的形狀和供電方式也都能同時
對應在來線和新幹線。

　迷你新幹線不需新建全規格的軌
道，具有節省經費、能迅速通車營
運，可直通行駛、不用下車轉乘的
優點。不過另一方面，有最高速度
的限制、急彎多又有平交道，無法
提升整體的速度。隨著需求的增
加，也不難理解當地人希冀興建奧
羽新幹線的心情。

行駛在來線區間的迷你新幹
線。這些新在直通車輛，目前只
剩JR東日本有在開發。以投入
山形新幹線服務的400系為開
端，又接連開發了E3系和E6
系。將於2024年春天，讓E8系
投入山形新幹線使用

由於車輛寬度較窄，新幹線的
月台與車輛間會產生空隙，因
此配置了可自動收折的踏板，
每當靠站時就會在車門下方展
開。此結構通用於400系和E3
系、E6系

首款在營業車輛上設有外蓋自動
開闔連結器的400系。基本上是
與東北新幹線連結運行

首次在沿線車站進行分割、連結
運行的400系和200系。之後用
於JR東日本東北新幹線的車輛
和迷你新幹線，都會搭載外蓋自
動開闔的連結器

營業車輛

〜現役〜

N700S *Series*

東海道新幹線列車全體改版

JR東海以原本的N700系為基礎開發而成的最新車款，定位成可在不變更基本設計下由6、7、8、12、16輛編組，適用國內外各種區間的「標準車輛」。2020年東海道‧山陽新幹線以16輛編組的N700列車投入營運，2022年西九州新幹線也使用了6輛編組投入行駛。

　　車體除了承襲N700系的基本形狀外，還在車燈附近加上折角的「至尊雙翼（Dual Supreme Wing）」設計，可減少微氣壓波、車外噪音、行駛中的阻力和尾節車廂搖動程度。並藉由改良馬達與列車轉向架達到車身輕量化，加裝新型集電弓，配備就算停電仍能自行行駛的鋰電池、全自動減震裝置等，積極在新版列車內加入多種功能。

D A T A	落成 ● 2018年	材質 ● 鋁合金
	導入 ● 2020年	編組 ● 16輛／6輛
	限乘人數 ● 1323名→1319名（16輛）／396名（6輛）	所屬 ● JR東海／JR西日本／JR九州

行抵東京的16輛編組試運行列車，
過程中得到的數據皆會反映在量產車上

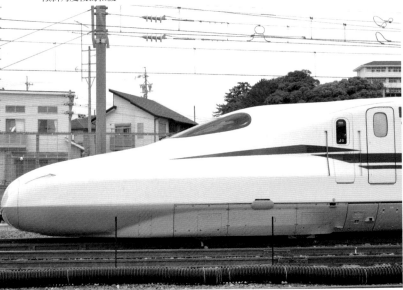

車頭看起來呈銳角，但與N700系相比，
傾斜角度較為和緩

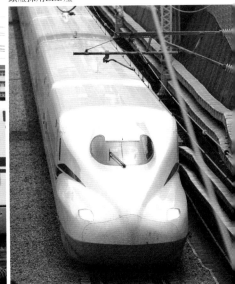

名為「至尊雙翼」的車頭形狀，
頭燈採用LED燈

JO編組
9000番台16輛

2018年製造的確認測試車（量產先行車），是以提升東海道・山陽新幹線的性能、協助技術開發為目標的測試專用車。

N700 Supreme

S代表「Supreme」，意指N700系的頂級列車

在山陽新幹線上測試運行的8輛編組列車，
會多次往返於新山口～新下關間

JO編組
9000番台8輛

2018年10月開始，原本JO編組16輛的確認測試車更改為8輛。N700S的車輛類型有4種，能調整成各式各樣的編組。此款列車是由JO編組的1、2、6、8、9、11、15、16號車廂所組成的8輛編組，且當時的頭尾兩節車廂皆為馬達車。

除了山陽新幹線外，也會在
東海道新幹線內進行測試

8輛編組列的車頭，
車身側面印有JO和編組名稱

起初只有J編組，編組數也不多，主要運用在東海道·山陽新幹線的「希望號」。目前光是J編組就有超過20列在運行中

J編組
0番台

H編組
3000番台

用於東海道·山陽新幹線的16輛編組量產車。為東海道·山陽新幹線首款全部座位配備插座的營業車輛，已投入「希望號」、「光號」、「回聲號」列車使用。2021年4月以後製造的車款，將限乘人數減少6名並增加輪椅停放的空間。J編組隸屬於JR東海，H編組隸屬於JR西日本。

2021年後H編組開始投入服務，基本規格與J編組相同

Y編組
8000番台

用於西九州新幹線的6輛編組列車。車輛形狀與N700S無異，只是將N700S的Logo換成「海鷗號」的Logo，且車身漆上不同的顏色。自由座的內裝以N700S為基礎，但變更了對號座的座位設計。

JR九州的鐵道車輛設計多由水戶岡銳治負責操刀，與東海道、山陽新幹線的風格大相逕庭，令人印象深刻

採用6輛編組，所有車廂皆為馬達車的動力分散式列車

列車上隨處都有KAMOME（海鷗）的Logo

車輛的正面，能清楚見到周圍施以黑色塗裝的座艙罩式駕駛室

Ⓙ 編組的內裝

普通車廂。乍看之下和以前的座位一樣，不過椅背和椅面可以連動，而且每個座位都備有插座

綠色車廂。改變椅背後躺的旋轉軸心，讓乘客有更舒適的乘車體驗。另一方面也加大腳踏墊，擴增乘客腳邊的空間

Ⓨ 編組的內裝

左上、右上、左下為對號座1號車～3號車的座位。與800系的對號座座位相似，且每個座位都備有插座。右下是4～6號車的自由座，與N700S的普通車廂一樣

行 駛路線

最高速度
285km/h

最高速度
300km/h

最高速度
260km/h

列 車規格

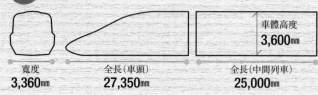

寬度	全長(車頭)	車體高度
3,360mm	**27,350**mm	**3,600**mm

全長(中間列車)
25,000mm

Y 編組的外觀

車身側面的Logo，具有畫龍點睛的作用

集電弓的兩面側壁也印有Logo

「海鷗號」的專屬Logo，車身上隨處可見

JR九州會長青柳俊彥以毛筆書寫的Logo

Y 編組的檢測裝置

Y2編組的集電弓，備有以雷射檢測架線狀態的裝置

其他編組的集電弓並無配備檢測裝置（後方為Y2編組）

列 車編組

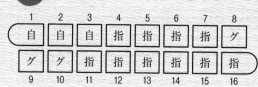

1	2	3	4	5	6	7	8
自	自	自	指	指	指	指	グ
グ	グ	指	指	指	指	指	指
9	10	11	12	13	14	15	16

※希望號的編組
※自：自由座　指：對號座　グ：綠色車廂

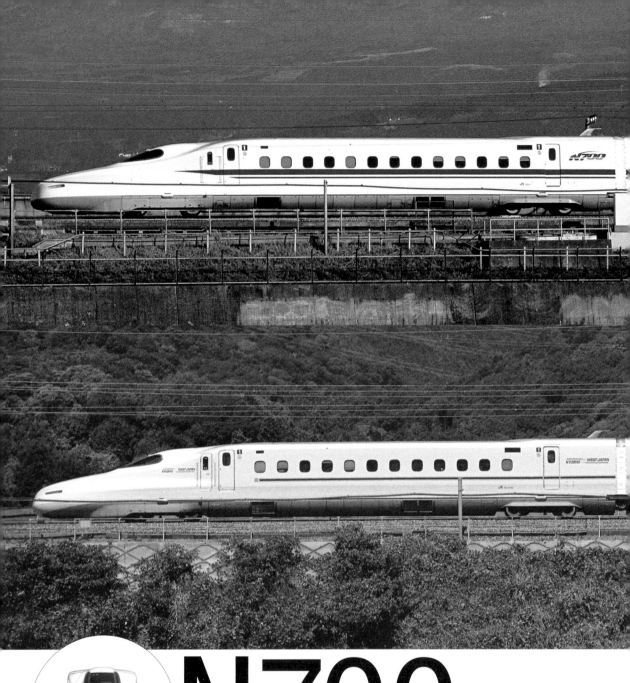

N700 *Series*

轉彎處也能以270公里的時速行駛。
以最高時速連結日本的大動脈

　N700系由JR東海與JR西日本共同開發，試圖達到比700系更快、更舒適的目標。導入了車體傾斜裝置，無須減速即可達到過彎速度（R2500m）時速275公里；在山陽新幹線區間則實現以時速300公里的速度行駛，比700系還快了15公里。除了減少列車震動外，也稍微拉大普通車廂座位的間隔與寬度，且普通車廂的靠窗座位及綠色車廂的全部座位都備有插座。

　2011年JR西日本與JR九州合力開發的列車登場，採8輛編組，車身塗裝和內裝皆不同，主要是作為山陽·九州新幹線的直通運行使用。

　2013年為提高行駛穩定性而進一步改良的N700A問世，能以時速285公里的過彎速度（R3000m）行駛在東海道新幹線區間。之後，也將原本16輛編組的N700系全數改造成N700A的規格。

D A T A

落成●2005年
導入●2007年7月1日
限乘人數●1,323名（16輛）
　　　　／546名（8輛）

材質●鋁合金
編組●16輛／8輛
所屬●JR東海／JR西日本／JR九州

N700　23

名為「流線雙翼（Aero Double Wing）」的獨特車頭形狀

2005年9月起約8個月的期間，曾在16號車的車鼻下方設置輔助燈

車頭乍看下比700系來得尖銳，但其實延伸至車頂的弧度較為和緩

量產車的禁菸標誌配置在車廂號碼的下方

Z0編組
9000番台

2005年先行試作的列車，試車最高時速可達320公里。量產車的Z編組和N編組，就是依據試作列車的行駛結果改良而成。目前已經退役，包含車頭（1號車）在內的3節車廂，目前收藏於磁浮列車鐵道館。

此為量產車的初期編組，目前Z編組已全數改造為X編組。東海道新幹線基於安全考量，僅以時速270公里的速度行駛，但在性能上可達時速285公里

Z編組
0番台
N編組
3000番台

2007年開始投入營運的量產車。車鼻部分的分割線和車燈形狀，皆與Z0編組不一樣。Z編組隸屬於JR東海，N編組隸屬於JR西日本。

當初的Logo，特色是在中間繪製了新幹線車身的圖案

N編組在山陽新幹線內的最高時速為300公里

N700A在東海道新幹線區間，可達到時速285公里，並降低列車的震動，讓乘客有更舒適的乘車體驗

G編組
1000番台

F編組
4000番台

N700A是為了提升行駛穩定性、乘坐舒適性的改良型車款。名稱中的A代表進步（Advanced），於2013年投入營運。G編組隸屬於JR東海，F編組隸屬於JR西日本。

取消新幹線的輪廓等設計，反而顯得A字母碩大顯眼

車廂的地板和壁面經過改良後，已提升車內的靜音性

為了擁有和IN700A同等性能，
而改造Z編組的列車。
外觀上並沒有太大的差異

Logo標誌沿用過去的N700
造型，另外加上小小的A字母

X編組
2000番台

K編組
5000番台

將原本N700的Z編組、N編組以
N700A的機械材料改良後，以全新
N700A之姿投入運行。改良後的番
台編號為原編號再加上2000。X編
組隸屬於JR東海，K編組隸屬於JR
西日本。

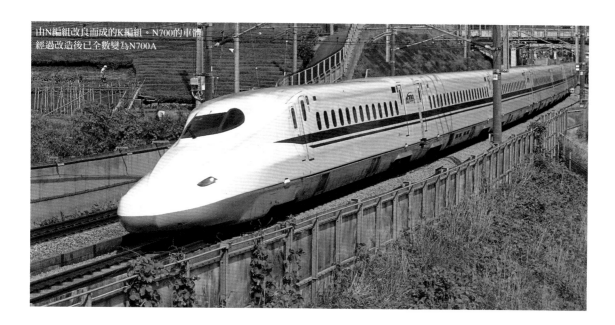

由N編組改良而成的K編組。N700的車體
經過改造後已全數變為N700A

車體顏色獨特，以帶淡藍色的藍白色搭配深藍色細橫條，周圍還加入了金色線條。自由座的座椅配置為3+2列，但對號座和綠色車廂為2+2列

S編組
7000番台

R編組
8000番台

8輛編組的N700於2011年投入營運，為直通山陽新幹線和九州新幹線的列車，屬於客製化的車型，外觀、內裝等皆與東海道·山陽新幹線不同。S編組隸屬於JR西日本，R編組隸屬於JR九州。

WEST JAPAN　KYUSHU

KYUSHU　WEST JAPAN

JR西日本和JR九州的Logo。依據海側及山側變更Logo的排序，分別代表往西日本和九州的行進方向

為了因應九州新幹線區間的陡坡地形，所有車廂均為馬達車

Z、X、N、K編組的普通車廂座位。座椅排列為2＋3列

R、S編組的普通車廂自由座。座椅排列為2＋3列

R、S編組的普通車廂對號座。座椅排列為2＋2列

各 編組的
內裝都不同

Z、X、N、K編組的綠色車廂座位。座椅排列為2＋2列

R、S編組的綠色車廂對號座。座椅排列為
2＋2列，座椅寬度較寬為47.5公分

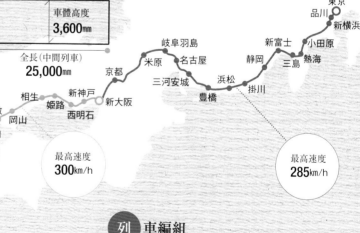

列 車規格

車體高度
3,600mm

寬度
3,360mm

全長（車頭）
27,350mm

全長（中間列車）
25,000mm

行 駛路線

東京
品川
新横浜
小田原
新富士
熱海
三島
静岡
掛川
浜松
豊橋
三河安城
名古屋
岐阜羽島
米原
京都
新大阪
新神戸
西明石
姫路
相生
新神戸
岡山
新倉敷
福山
新尾道
三原
東広島
広島
新岩国
徳山
新山口
厚狭
新下関
小倉
博多
博多南
新鳥栖
久留米
筑後船小屋
新大牟田
新玉名
熊本
新八代
新水俣
出水
川内
鹿児島中央

最高速度
300km/h

最高速度
285km/h

最高速度
260km/h

列 車編組

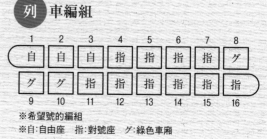

※希望號的編組
※自：自由座　指：對號座　グ：綠色車廂

700 *Series*

**為追求新標準而
共同開發的列車**

　由JR東海和JR西日本所共同開發的700系列車，是為了達到比JR東海為東海道‧山陽新幹線開發的300系，以及JR西日本開發的500系更好的舒適度，同時追求接近與500系時速相近的高CP值。當初開發時命名為N300，在東海道新幹線和山陽新幹線區間分別實現了時速270公里和285公里的行駛速度。

　為減低列車進入隧道時的衝擊而縮短車鼻，使車頭呈現非常特殊的和緩線條，又被稱為「氣動流線（Aero Stream）」。

　原本運行於東京～博多間的300系「希望號」逐漸被700系取而代之，並成為「希望號」班次大幅增加的助力。隨著N700系的登場，300系被大量轉用於「光號」和「回聲號」，直到2020年3月從東海道新幹線除役、同年8月退出山陽新幹線的服務行列。

　而在山陽新幹線區間僅用在8輛車廂編組的「光號鐵路之星」和「回聲號」，雖然沒有設置綠色車廂，但部分車廂的座位採2+2模式配置，車內空間非常寬敞，另備有4人包廂。

D A T A | 落成 ● 1997年
導入 ● 1999年3月13日
限乘人數 ● 1,323名（16輛）
／571名（8輛）

材質 ● 鋁合金
編組 ● 16輛／8輛
所屬 ● JR東海／JR西日本

車頭的車鼻比之後的量產車短了70公分，
同時車鼻前端下方左右各有兩個鉤環

700

SHINKANSEN Series 700

Logo以系列編號700為主視覺，
在下方加入新幹線的插圖

C0編組
9000番台

量產前的試作原型車輛。以此車輛為基礎經過行駛測試並進行改良，陸續開發出C編組等形式。在量產化後，改造成C1編組投入營運。

採用名為「氣動流線」的獨特車頭形狀，
較短的車鼻能有效降低噪音及震動

於營業路線上測試運轉的C0編組。
拍攝地點為東京車站附近

量產改造後的C1編組，於1999年上旬開始投入營運

2003年3月隨著新幹線品川站的開業，
東海道・山陽新幹線大幅修正時刻表，
所有東海道新幹線上的列車改採時速270公里以上運行，
且主要班次改為「希望號」，
同時還在車身上標示出「AMBITIOUS JAPAN！」
的活動標語

C編組是JR東海所屬的編組名稱，
C17編組等一部分於2012年移籍至JR西日本，
但當時編組名稱沒有變更，仍維持C編組，
只將車輛下方的JR Logo改為JR西日本

C編組
0番台

1999年3月投入營運的列車編組，為
隸屬於JR東海的營業用量產化車
輛。原本預定在2020年3月8日退
役，但因新冠疫情的影響，提早於2
月28日劃下句點。

上方照片中車輛下方的JR Logo，
已從JR東海的代表色橘色改為西日本的藍色

在從東海道新幹線引退之際所印上的
「700ありがとう（感謝700系）」Logo

自2020年2月12日起，車頭和車身
兩側皆印有此Logo

外觀和IC編組沒有多大差異，
只做了些細微的更動，
比如將表示列車目的地方向的屏幕，
改為LED顯示屏

內裝改採沉穩色調，
座椅樣式和帷罩也有些變更

B編組
3000番台

2001年投入營運的JR西日本所屬車輛。除了以500系為藍本的轉向架、車頭乘務員車門旁有JR 700的Logo外，基本上與C編組沒有兩樣。已於2020年8月引退。

JR700

只在B編組的車頭上，
印有代表JR西日本的藍色Logo

作為取代設備老朽的「西日本光號」而登場，
以2小時59分就能連結新大阪～博多間，
同時也提升了搭乘的舒適性。
「光號鐵路之星」目前只剩下2班上行的班次，
主要用於「回聲號」

Rail Star

代表「光號鐵路之星」
專用車輛的Logo

E編組
7000番台

為2000年3月11日開始運行於山陽新幹線的「光號鐵路之星」使用車輛，以8輛為一編組。車體有自己獨特的顏色。4～8號車採用2+2列的轎車型座椅，沒有設置綠色車廂，但備有包廂座位。

車輛塗裝很有特色，以灰色底加上黑色線條，
再搭配明亮的橘色色帶

當用於「回聲號」時，包廂座位並不開放所以無法使用

從塗裝上可知擁有與500系同樣的座艙罩式駕駛室

內 裝

C編組的普通車廂座位，
呈現2＋3列配置

C編組的綠色車廂座位，
呈現2＋2列配置

E編組的普通車廂座位，
只有1～3號車廂呈現2＋3列配置

E編組的4～8號車座位，
呈現2＋2列配置

對號座靠列車前端的座位稱為「辦公座」，
備有寬敞的桌面

名為「旅指南」的數位時刻表，
現已不使用

E 編組的內裝

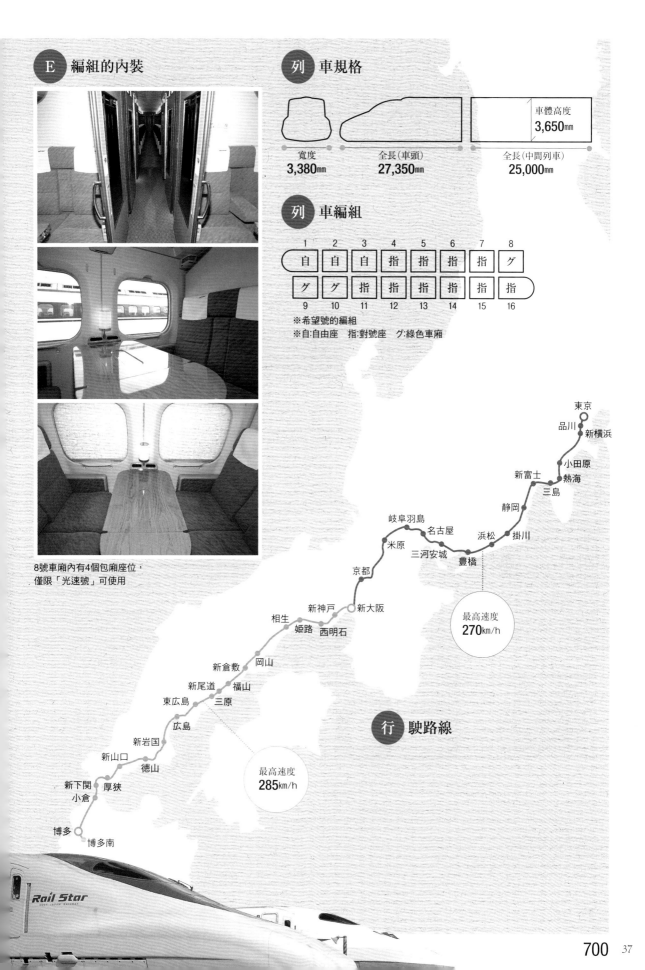

8號車廂內有4個包廂座位，
僅限「光速號」可使用

列 車規格

寬度
3,380mm

全長（車頭）
27,350mm

車體高度
3,650mm

全長（中間列車）
25,000mm

列 車編組

1	2	3	4	5	6	7	8
自	自	自	指	指	指	指	グ

9	10	11	12	13	14	15	16
グ	グ	指	指	指	指	指	指

※希望號的編組
※自:自由座　指:對號座　グ:綠色車廂

行 駛路線

東京
品川
新横浜
小田原
新富士
熱海
三島
静岡
浜松
掛川
岐阜羽島
名古屋
米原
三河安城
豊橋
京都
新神戸　新大阪
相生
姫路
西明石
新倉敷　岡山
新尾道　福山
東広島　三原
広島
新岩国
新山口
徳山
新下関　厚狭
小倉
博多
博多南

最高速度
270km/h

最高速度
285km/h

Rail Star

E5/H5 Series

最高時速320公里！
最快的新幹線

E5系是JR東日本為了在東北新幹線高速行駛而開發的列車，東北新幹線的「隼號」也和本系同時誕生。2011年3月開始運行時，以最高時速300公里行駛，2013年3月16日後將時速提升至320公里，成為日本速度最快的新幹線。此外，即使與同期開發的E6系連結運行，行車速度仍可達到時速320公里。

為第一輛擁有比綠色車廂更高等級的「頭等艙」列車，座位採1+2列的寬敞配置，電動可調式座椅角度最大至45度，車廂內也提供餐飲服務。為了確保高速運行時的乘坐舒適性，除了導入車體傾斜裝置外，還在全車搭載全主動式懸吊系統以減輕震動。

隨著2016年3月北海道新幹線的開業，JR北海道也新推出以E5系為基礎的H5系。基本規格承襲E5系，但Logo、烤漆和內裝則和E5系有所不同。

D A T A | 落成 ● 2009年(E5)／2014年(H5)
導入 ● 2011年3月5日(E5)／2016年3月26日(H5)
限乘人數 ● 731名(E5／H5)→710名

材質 ● 鋁合金
編組 ● 10輛
所屬 ● JR東日本(E5)／JR北海道(H5)

完工後隨即於2009年6月登場的S11編組
1～5號車由日立製作所製造，
6～10號車由川崎重工製造。
此時「隼號」的Logo尚未出現

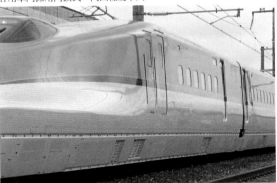

S11編組的車頭。乘務員車門後方的
客用車門採用內嵌式，內凹程度不大

U編組的車頭。乘務員車門後方的客用車門為
拉門式，內凹程度明顯

量產化後改造為U1編組的S11編組，
分辨方式在於車頭的內嵌式門

S11/U1編組

2009年製造的量產先行車。與量產車相比，車頭的客用車門、轉向架罩的樣式等有些微不同，後來量產化改造為U1編組投入營運。

綠色的車體烤漆被稱為「常盤綠」，
為東北新幹線的代表顏色。
側邊還有名為「疾風粉紅」的色帶

盛岡以南也有和E6系併結、以時速320公里行走的列車，
但盛岡以北皆為單獨行駛

自北海道新幹線開業後，
也往來於新青森～新函館北斗間

▌U編組

E5系的量產車。從2011年開始投入
營運，有U2～U46等編組形式。投
入之初曾與E3系0番台併結運行，
但現在只與E6系併結行駛。

以疾風為藍本設計的Logo。
呈現出先進感與速度感

基礎烤漆色調和E5系相同，
但兩側的色帶選用「彩香紫」，
是一種會讓人聯想到
紫丁香或薰衣草的顏色

車頭的車鼻形狀
被稱為雙尖頭

青函隧道本來就是為了讓新幹線直通
北海道而規劃，歷經28年終於通車

▌H編組

自2016年投入營運的JR北海道所屬
編組。除了配色和Logo外，內裝等
細部皆與E5系不同。此外，全部座
位皆設有插座也是H5系的特徵。

Logo以白隼號和北海道的
輪廓為藍本設計

風 擋的變化

  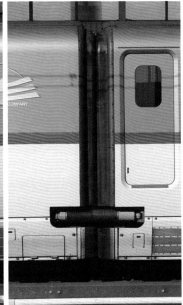

連接車廂與車廂間的風擋，依車輛的製造時期有不同變化。
左邊是剛完工時的規格，中間為量產車的初期，右邊是U28編組以後的規格

E 5系的轉向架

E5系的轉向架平常被外罩覆蓋住，無法看到。
上圖為10號車「頭等車廂」最前部的轉向架

上圖的轉向架位於配置有馬達的7號車，
與10號車的轉向架不一樣

連 結系統

為了和E6併結運行，往新青森方向的列車設有外蓋自動開闔的連結器，
可於盛岡站等車站目睹併結與分離的畫面

E 5系的內裝

頭等艙車廂。
E5系是第一個擁有頭等艙的列車

普通車廂的座位。
以2+3列的座椅配置而成

綠色車廂的座位。
以2+2列的座椅配置而成

E5系採用素色的遮光窗簾

H 5系的內裝

頭等艙車廂。
地毯的圖案以湖面和海面為藍本設計

普通車廂的座位。
地上的圖案是雪花的結晶

綠色車廂。
地毯採用流冰的紋樣

綠色車廂的遮光窗簾,
設計為雪花結晶的圖案

車 門的差異

H5系普通車廂的車門，
採用鮮豔的黃綠色

E5系普通車廂的車門烤漆，
採用偏米色的色調

列 車規格

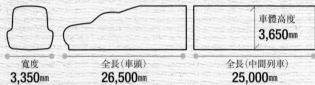

車體高度
3,650mm

寬度
3,350mm

全長（車頭）
26,500mm

全長（中間列車）
25,000mm

列 車編組

1	2	3	4	5
指	指	指	指	指
指	指	指	グ	G
6	7	8	9	10

※隼號的編組
※自:自由座　指:對號座　グ:綠色車廂　G:頭等艙

行 駛路線

預計開業
的路線

新小樽(仮)
札幌
俱知安
長万部
新八雲(仮)
新函館北斗
木古内

最高速度
260km/h

奥津軽いまべつ
新青森
七戸十和田
八戸
二戸
いわて沼宮内
盛岡
新花巻
北上
水沢江刺
一ノ関
くりこま高原
古川
仙台
白石蔵王
福島

最高速度
320km/h

郡山
新白河
那須塩原
宇都宮
小山
大宮
上野
東京

E6 *Series*

**最高時速320公里的
新在直通列車**

E6系是JR東日本為秋田新幹線開發的新在直通新幹線車輛。秋田新幹線以規格來說，是鐵軌寬度經過改軌的在來線，由於月台跟隧道都維持在來線原本的尺寸，因此E6系的車輛寬度跟一般新幹線車輛比起來，屬於窄一點的迷你新幹線。於在來線的最高時速為130公里，而在東北新幹線區間則能以時速320公里的速度行駛。

若與E5系併結可達時速320公里，還配備了主動式懸吊系統與車體傾斜系統。除此之外因為車輛寬度的關係，全車座椅皆為2＋2列配置，讓乘客能夠擁有寬敞而舒適的乘車體驗。

2013年登場時，「超級小町號」也同時誕生。起初為時速300公里，於2014年提高到時速320公里。後來因為「小町號」不使用E3系了，變更為E6系。現在E6系也用在「山彥號」等列車。

D A T A

落成 ● 2010年	材質 ● 鋁合金
導入 ● 2013年3月16日	編組 ● 7輛
限乘人數 ● 336名→324名	所屬 ● JR東日本

完工後隨即於2010年7月9日登場的S12編組。
乍看之下和量產車沒有差別，
但此時車身上還沒有「小町號」的Logo

2013年2月正在東北新幹線的
新白河～郡山間進行試運行的S12編組

S12/Z1編組

2010年製造的量產先行車。外觀與
量產車幾乎無異，量產化改造後更
名為Z1編組投入營運。

行駛於田澤湖線的Z1編組。
已加入小町號的Logo

為了與E5系連結，往東京方向的車頭設有可
自動併結和分割的裝置

與E5系併結後行駛於東京～盛岡間的
東北新幹線區間，最高時速為320公里。
初登場時，連結運行的最高時速只有300公里

奧羽本線的神宮寺～峰吉川間，
是與以前在來線窄軌共用的三線軌道區間

Logo的設計意象來自小野小町，以飄逸的
髮絲呈現出時速320公里時揚起的風

Z編組

自2011年起投入營運的量產車。為
新在直通運行用的迷你新幹線車
輛，主要行駛於秋田新幹線和東北
新幹線，也曾在2018年試運行時，
行駛在山形新幹線路段。

盛岡～秋田之間的在來線區間，只有E6系單獨行駛。
最高時速為130公里。

Ⓔ 6的特徵

雖然平常隱藏在車殼中看不見，
不過列車之間有連結用的彈簧

為了連結同時期開發的E5系，
在11號車廂的前方設有可連結和拆卸的裝置。
外蓋設計可自動開闔

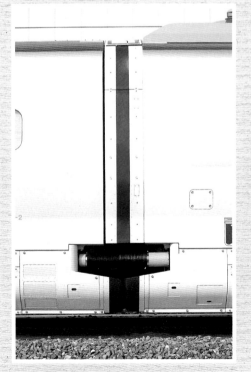

為了降低噪音，列車備有兩座集電弓。
只使用前進方向後側的集電弓，
能減少更多噪音

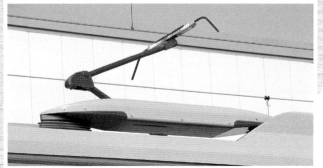

內 裝

普通車廂自由座、對號座,
座位以金黃色的稻穗為藍本設計。
2+2列的座位配置,空間顯得非常
寬敞舒適。靠窗位還設有插頭

綠色車廂。座椅顏色以秋田傳統工藝
的海鼠釉與漆器為設計藍本。
除了座椅本身有電動升降腿墊,
每個座位都設有插座

列 車規格

車體高度
3,650mm

寬度
2,945mm

全長(車頭)
22,825mm

全長(中間列車)
20,000mm

列 車編組

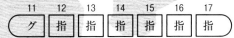

11	12	13	14	15	16	17
グ	指	指	指	指	指	指

※小町號的編組
※指:對號座 グ:綠色車廂

行 駛路線

最高速度
130km/h

最高速度
320km/h

秋田 田沢湖 雫石 盛岡
大曲 角館 新花巻
北上
水沢江刺
一ノ関
くりこま高原
古川
仙台
白石蔵王
福島
郡山
新白河
那須塩原
宇都宮
小山
大宮
上野
東京

E7/W7 *Series*

為北陸新幹線向金澤延伸而開發的列車，自開業前一年的2014年就已經導入東京～長野區間。由於是JR東日本與JR西日本共同開發的系列列車，隸屬JR東日本的列車命名為E7系，隸屬JR西日本的列車命名為W7系。根據隸屬單位不同，Logo的一部分和列車型號的標示會有差異，不過兩者之間的規格都一樣。

本系以E2系為基礎開發，目前最高時速為260公里。和E5／H5系一樣都有頭等艙，但座位的規格有些不同。

這是第一輛包含普通車廂在內，所有座位都設有插座的新幹線。除此之外，在座椅的椅背側邊有點字編號的標示，致力於打造無障礙空間。

自2015年10月起，為因應攜帶大件行李旅客增加的情形，除了頭等艙外，撤除部分偶數號車廂的一般座位，以增設放置行李的空間。2021年後，就連奇數號車廂也增設了行李放置區。

2019年上越新幹線開始導入E7系的車輛，陸續取代原先的E4系和E2系，預計於2023年取代上越新幹線的所有列車，同時將最高時速提升至275公里。

D A T A

落成 ●2013年	材質 ●鋁合金
導入 ●2014年3月15日	編成數 ●12輛
搭乘人數 ●924名→910名	所屬 ●JR東日本　JR西日本

E7/W7

碓冰峠是新幹線數一數二的困難區間。
得行經30‰的連續陡坡，
因此需要具有動力性能的車輛

F編組

2014年登場的北陸新幹線用車輛，為JR東日本所屬的編組。部署在長野和新潟的新幹線車輛中心，目前運用於北陸新幹線和上越新幹線。其中有8個編組因2019年的颱風受損，已全數報廢。

以數字7為設計基礎的Logo，右邊寫著
EAST JAPAN RAILWAY COMPANY

JR E723-9

F編組的車體編號是以E為開頭
按順序編列

車身上的配色，則分別代表陶瓷器的象牙白、
銅器工藝文化的銅色及呈現北陸碧海藍天的天藍色

2019年3月16日首次在上越新幹線登場。
當時F21和IF22編組的車身上繪有
朱鷺淡粉色的線條及Logo

F21和IF22編組的彩繪列車
已於2021年3月結束。
之後主要在上越新幹線行走，
但也會在北陸新幹線運行

正行經大宮站的W編組。
由白山綜合車輛所管轄，
車內鈴聲等設計皆與F編組不同

｜ W編組

2015年延伸開業至金澤時登場的北陸新幹線用車輛。為JR西日本所屬的編組，運用於北陸新幹線和上越新幹線，東京～高崎間的「谷川號」。其中有2個編組在2019年的颱風中受損，已進行報廢處理。

看起來與F編組相似，但英文標示稍有不同，寫成WEST JAPAN～

JR W 723-110

W編組的車體編號是以W為開頭
按順序編列

因應下雪，設有側開地式儲雪高架橋。
可在夜間處理鐵道上的積雪

奔馳在金澤～新高岡間的W編組。
金澤～敦賀間的延伸路線將於2024年春天通車

內 裝

E7／W7系頭等艙連結通道。和E5／H5不同，
裝飾柱以沿線的四季為主題呈現，
感覺非常華麗

有別於E5／H5系頭等艙的和風設計。
再加上有主動式懸吊系統，
讓車內空間減少震動

和風的普通車廂座位，以3＋2列的座椅組成。
全車採LED照明

以傳統意象和摩登組合成的綠色車廂。
採用椅背和椅面連動的座椅設計

列車規格

寬度
3,380mm

全長(車頭)
26,000mm

車體高度
3,650mm

全長(中間列車)
25,000mm

列車編組

1	2	3	4	5	6
指	指	指	指	指	指

7	8	9	10	11	12
指	指	指	指	グ	G

※光輝號的編組
※指:對號座　グ:綠色車廂　G:頭等艙

行駛路線

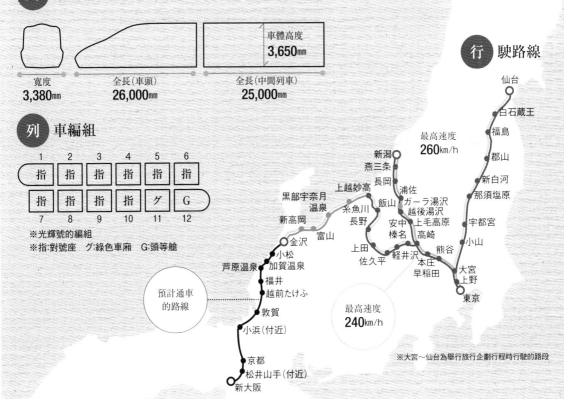

最高速度
260km/h

最高速度
240km/h

預計通車
的路線

※大宮～仙台為舉行旅行企劃行程時行駛的路段

仙台
白石蔵王
福島
郡山
新白河
那須塩原
宇都宮
小山
大宮
上野
東京

新潟
燕三条
長岡
浦佐
ガーラ湯沢
越後湯沢
上毛高原
高崎
熊谷
本庄
早稲田
軽井沢
安中榛名
飯山
上越妙高
長野
上田
佐久平

黒部宇奈月
温泉
糸魚川
新高岡
富山
金沢
小松
加賀温泉
芦原温泉
福井
越前たけふ
敦賀
小浜(付近)
京都
松井山手(付近)
新大阪

為提升山陽新幹線對抗航空業的競爭力，JR西日本以時速350公里為目標，開發500系列車。實際營運的速度在東海道新幹線和山陽新幹線分別為時速270公里和時速300公里，不過1997年初次登場時是全球最快的列車。

當初山陽新幹線把這款車用在「希望號」，2小時17分就可以連結新大阪～博多區間。後來也投入東京～博多間速達型「希望號」列車的營運。

本系的特徵是又尖又長的車鼻以及列車截面接近圓形，與過去新幹線的設計大相逕庭，主要的目的是為了降低在高速之下進入隧道的衝擊。但和之前的新幹線相比，則犧牲了一些舒適性，除了減少車頭的座位數外，又為了彌補其空間而縮短座位的間距、配合車體截面降低車廂兩側的天花板高度。

最初以16輛車廂為一編組，在退出「希望號」的運用後就改為8輛編組，最高時速也調降至285公里。

500 *Series*

最高時速300公里，
外觀設計銳利簡練的新幹線

DATA		
落成 ● 1995年		材質 ● 鋁合金
導入 ● 1997年3月22日		編組 ● 16輛／8輛
限乘人數 ● 1,324名(16輛)／557名(8輛)		所屬 ● JR西日本

登場前一年的1996年，正在進行試運行的W1編組。
此時的車身側面還沒有Logo

W1編組
0番台

原本是量產先行車，後來也運用在
營業車輛上。車頭的駕駛座後方有
個會車測試用的感測窗，為外觀上
的最大特徵。

在駕駛座的左下方可以
看到一個小圓窗

投入營業運行後的W1編組，
車身側面已經印上Logo

風格與過去的新幹線截然不同，
駕駛室的造型猶如飛機的座艙罩般

W編組
0番台

W2～W9的量產車編組。由16輛車廂組成，在山陽新幹線區間的最高時速可達300公里。與W1編組不同的是沒有小圓窗，且推出時就有JR500的Logo。

Logo上印有數字500和代表
JR西日本的WEST JAPAN字樣

由於車鼻長達15公尺，
車頭的座位數也因此而減少

外觀有別於以往的
箱型車輛，500系的
車體截面幾近於圓形

V編組從2008年12月1日開始運用於「回聲號」。
2013年左右，4、5號車的座椅配置被改為2+2列

變更為8輛編組後已取消設置綠色車廂，
但6號車仍維持原先綠色車廂的2+2列配置

從支柱較粗的T字形集電弓，
改成單臂集電弓

V編組
7000番台

由16輛車廂的W編組改造而成的8
輛編組列車，且最高時速調為285
公里。自2008年起，W2～W9也依
序被改造成V2～V9。

由機械設計師山下育人操刀設計、
導演庵野秀明擔任監修，為紀念動畫播映20週年＋山陽新幹
線全線開業40週年的共同合作企劃

車身側面印有
「500 TYPE EVA」的Logo

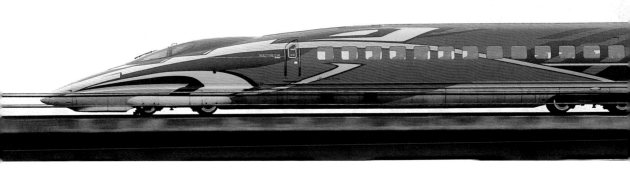

500 TYPE EVA
V2編組

跟《新幹線：新世紀福音戰士專
案》和動畫《新世紀福音戰士》協
力合作的車輛「500TYPE EVA」。
不僅是外觀，內裝也大幅度的改
變。已於2018年5月13日結束營運。

一天1班往返於
新大阪～博多間

1號車為商品販售、介紹沿線景點的
「HELLO PLAZA!」空間

2號車規劃成呈現世界觀的
「KAWAII ROOM」，
其他車廂則維持一般的內裝

Hello Kitty新幹線
V2編組

與三麗鷗聯名，於2018年6月30日
開始運行的「Hello Kitty新幹
線」。整體以粉紅色蝴蝶結為主
題，各車輛則繪製上代表各縣府的
當地凱蒂貓。

各編組的內裝差異

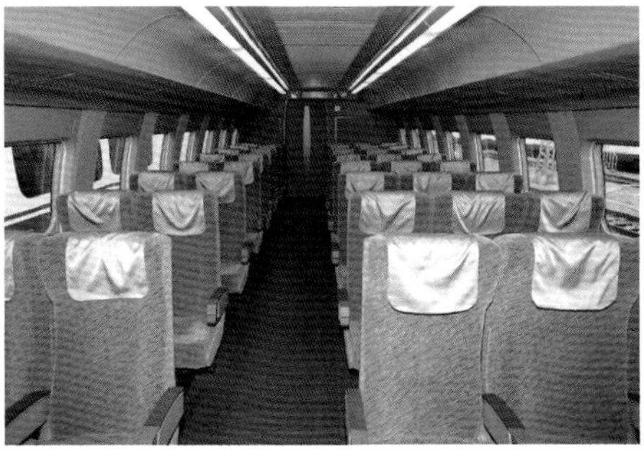

W、V編組的普通車座位，為2＋3列配置

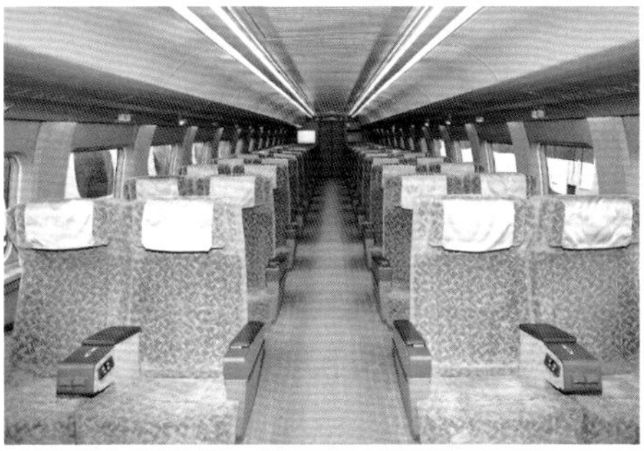

綠色車廂座位，為2＋2列配置。
現在為對號座列車

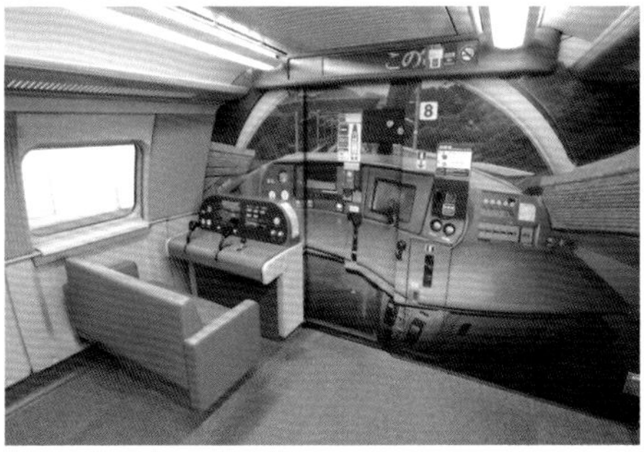

V編組的8號車廂有兒童專用的駕駛座

列車規格

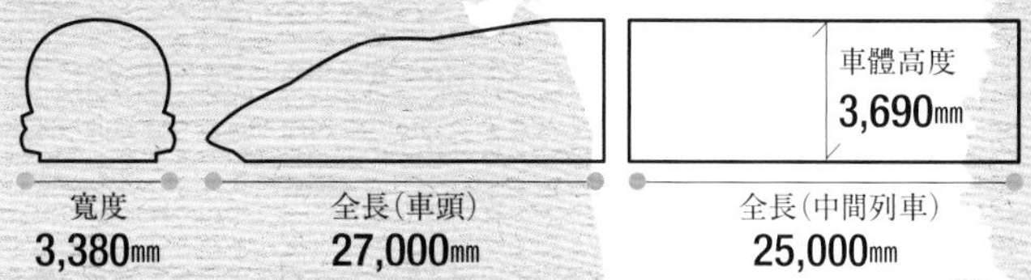

車體高度
3,690mm
寬度
3,380mm
全長(車頭)
27,000mm
全長(中間列車)
25,000mm

列車編組

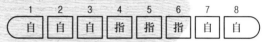

1	2	3	4	5	6	7	8
自	自	自	指	指	指	自	自

※V編組回聲號的配置
※自:自由座　指:對號座

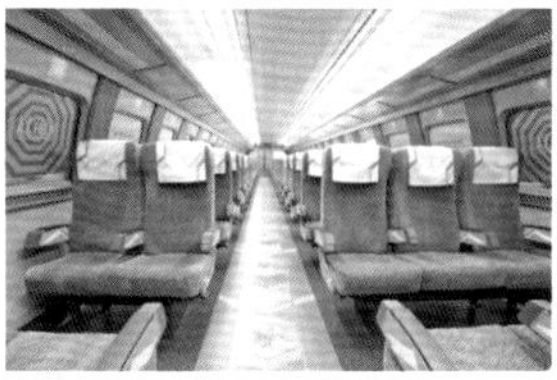

500 TYPE EVA的2號車。
除了遮光窗簾用了絕對恐怖領域的圖案外，椅子和地板也是特別訂製的

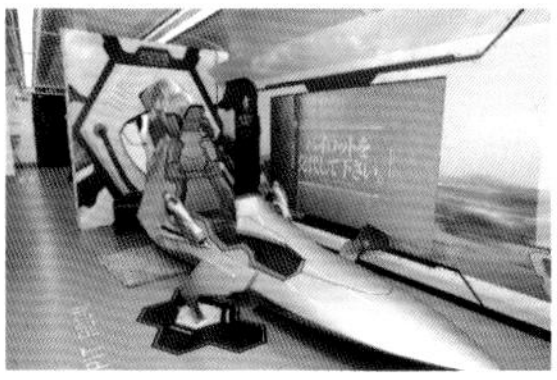

500TYPE EVA的1號車。還有實物大的駕駛艙

行駛路線

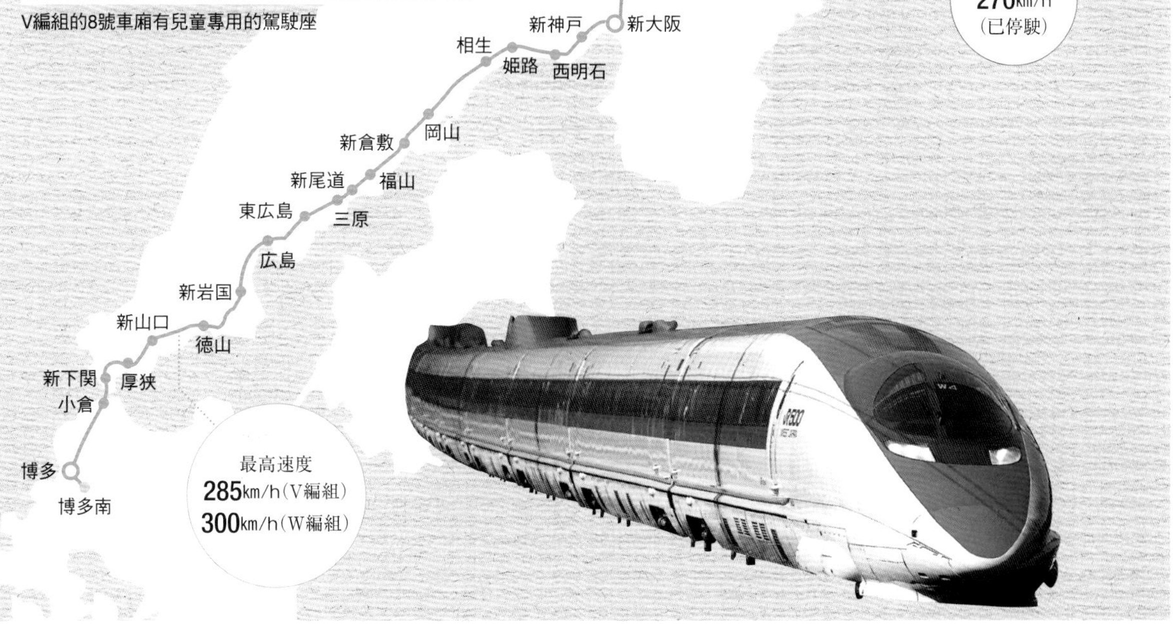

東京
品川
新横浜
小田原
熱海
三島
新富士
静岡
掛川
浜松
豊橋
三河安城
名古屋
岐阜羽島
米原
京都
新大阪
新神戸
西明石
姫路
相生
岡山
新倉敷
福山
新尾道
三原
東広島
広島
新岩国
徳山
新山口
厚狭
新下関
小倉
博多
博多南
最高速度
270km/h
(已停駛)
最高速度
285km/h(V編組)
300km/h(W編組)

800 *Series*

**擁有和風豪華內裝
的新幹線**

JR東海和JR西日本合作，以700系新幹線為基礎開發的九州新幹線專用列車。以6輛車廂編組，最高時速為260公里，但因為是在爬坡路段多的九州新幹線，需要更大的推動力，故全車採用馬達列車。

　　此系列由經手許多JR九州車輛的工業設計師水戶岡銳治操刀，最大特徵是看起來像大眼睛的三個直排頭燈，是過去新幹線不曾出現過的設計。內裝同樣也由水戶岡銳治負責設計，採用西陣織製作的椅套、鹿兒島產櫻木遮光窗簾、藺草門簾等多種活用九州在地物產的和風路線。

　　本系沒有綠色車廂，全車都是2＋2列的座椅，空間寬敞。

D A T A　落成 ● 2003年（800系）／2009年（新800系）
　　　　　導入 ● 2004年3月13日（800系）／2009年8月22日（新800系）
　　　　　限乘人數 ● 392名→384名（800系）／384名（新800系）
　　　　　材質 ● 鋁合金
　　　　　編組 ● 6輛
　　　　　所屬 ● JR九州

0番台列車的側面繪有紅色線條，
且一路筆直地延伸至車頭

U編組
0番台

為配合九州新幹線部分開業（新八代～鹿兒島中央間）而開發的初期800系列車，分別於2003年和2005年投入營運。除了車燈呈現偏銳角的設計之外，當初登場時側面的Logo寫著「燕子號」。

由於過去僅用了「つばめ」
因此加入專用Logo

加上燕子剪影的Logo，
是模仿國鐵時代看板的設計

乘車門附近，
加上車廂號碼的大Logo

車體側邊的中間也有標示燕子的剪影

當初在開發時也曾考量要
延伸駛入山陽新幹線

九州新幹線全線通車後，
「燕子號」以外的班次也會使用800系列車，
為避免混亂因此換上了新Logo

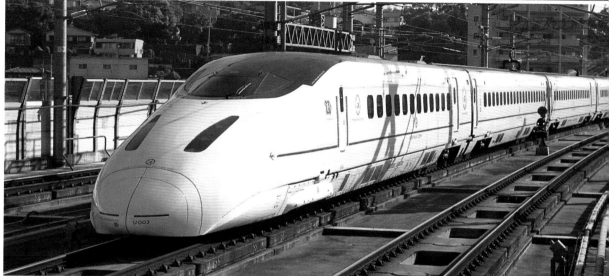

隨著1000番台、2000番台的推出，
新版Logo也於2011年3月前完成變更

U編組
0番台（新烤漆）

為迎接2011年九州新幹線的全線開業，將部分0番台列車重新烤漆。取消原本在車門周邊和車廂中央的「燕子號」Logo，改為「KYUSHU SHINKANSEN 800」的Logo樣式。

雖然推出新的Logo，
但仍保留了燕子的設計

以數字800為設計藍本的
另一款Logo

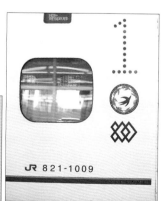

標示車廂號碼的部分。
這裡也變更為新的Logo了

車身的紅色色帶與0番台的設計不同，
線條到了車頭會變成波浪狀，3號車、
5號車的車門旁則勾勒出一個迴圈狀

U編組
1000番台

為配合九州新幹線全線開通而增購
的車輛。設計上與0番台有些許差
異，除了車頭燈變成圓角、呈球狀
稍微突起外，內裝也做了大幅變
更。此外，還搭載了軌道相關的檢
測機器。

1000番台有U007和U009兩個編組，
分別於2009年及2010年投入營運

1號車和3號車搭載有軌道相關的檢測機器，
照片中為附在轉向架的軌道位移檢測裝置

5號車集電弓附近的車頂上，
設有投光器、相機等架線檢測裝置

U編組
2000番台

設計與1000番台相同的車輛。最大的差異在於沒有軌道相關的檢測機器，而是搭載電力、信號通訊相關的檢測器，其餘皆與1000番台一樣。

2000番台僅U008一個編組，
可於1號車、3號車、
6號車搭載通訊相關的檢測裝置

內 裝的差異

0番台的1號、4號車廂座位。
色調是櫻花粉＋藍綠色

0番台的2號、6號車廂座位。
色調是淺咖啡＋深藍色

0番台的3號、5號車廂座位。
色調是楠木色＋深粉色

1000番台、2000番台的1號車廂座椅。
搭配市松紋樣的西陣織

1000番台、2000番台的2號車廂座椅。
搭配酒紅色的皮革

1000番台、2000番台的3號車廂座椅。
搭配胭脂紅的毛料

1000番台、2000番台的4號車廂座椅。
搭配長春藤紋樣的哥布林織錦

1000番台、2000番台的5號車廂座椅。
搭配橘色的毛料

1000番台、2000番台的6號車座位，
使用紅色常春藤圖案的西陣織

全車皆使用櫻花木製的
遮光窗簾

1000番台、2000番台有部分列車在車廂的
側邊張貼真正的金箔

廁所前掛著藺草製的門簾

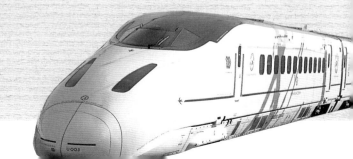

8 00系的特徵

寬敞的聯絡走道。
整體空間呈現開闊放鬆的設計感

列 車規格

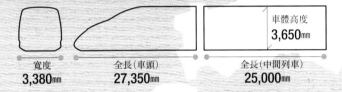

寬度	全長(車頭)	全長(中間列車)
3,380mm	**27,350**mm	**25,000**mm

車體高度
3,650mm

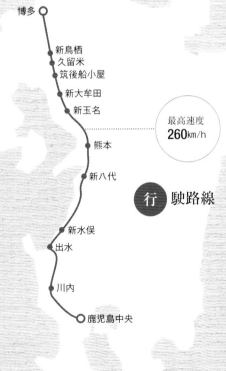

博多
新鳥栖
久留米
筑後船小屋
新大牟田
新玉名
熊本
新八代
新水俣
出水
川内
鹿児島中央

最高速度
260km/h

行 駛路線

列 車編組

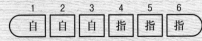

1	2	3	4	5	6
自	自	自	指	指	指

※櫻花號、燕子號的編組
※自:自由座　指:對號座

E3 *Series*

款式豐富多樣的
新在直通列車

　　1995年為因應新開業的秋田新幹線而推出的專用車輛。由於秋田新幹線是屬於將在來線改成新幹線軌距的迷你新幹線規格，車站月台和隧道皆只能通過在來線軌距的車輛，因此E3系就是為了能夠直接連結新幹線和在來線所開發的新在直通列車。在東北新幹線區間的時速為275公里，在來線區間的時速則為130公里。1997年開業當初為5輛車廂，後來應需求增加改為6輛車廂編組。

　　1999年山形新幹線延伸至新庄時，新導入7輛編組的E3系1000番台用於「翼號」。現在秋田新幹線已經換成E6系，E3系1000番台、2000番台的列車則用於山形新幹線。

　　除此之外，E3系的列車也用於主要在山形新幹線運行、車廂內附設有足湯的觀光列車「翼號足湯列車」，以及運行範圍僅限於上越新幹線的「現美新幹線」，但兩者目前皆已終止營運。

D A T A

落成 ●1995年
導入 ●1997年3月27日
限乘人數 ●338名→406名(5→6輛)
　　　　／402名・394名(7輛)

材質 ●鋁合金
編組數 ●5輛／6輛／7輛
所屬 ●JR東日本

與E2系57編組併結後進行試運行
的S8編組列車，兩者皆是為因應
秋田新幹線開業需求而準備的車輛

S8編組

測試用的量產先行車，最大的特徵是車頭整
體呈現出圓弧感。車燈左右各一，安裝在接
近駕駛座下方的位置。量產化改造後更名為
R1編組。

印有列車型號的Logo，
只有在S8編組列車上才見得到

整體給人圓潤的感覺，
形狀與400系很類似

往東京方向的1號車，
內藏有外蓋自動開闔的連結器

行駛於改軌後可通行迷你新幹線的
在來線「田澤湖線」的R編組列車，
車身側面印有「小町號」的Logo

已改為稜角分明設計的車頭，
車燈的形狀也大不相同

和200系連結行駛的模樣。除此之外，
也會與E2系、E5系併結運行

R編組
0番台（5輛）

作為秋田新幹線「小町號」使用而製造的
量產車。由5輛車廂組成，於1997年開始
投入服務。另外還推出了R2～R16編組，
但目前皆已全數退役。

Akita-Shinkansen
JR
こまち
KOMACHI

由於當初是
「小町號」的專用車輛，
名字也被放入Logo中

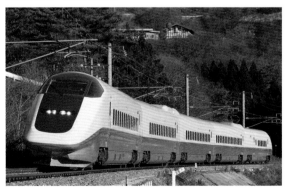

首批出廠的R2編組量產車，
1996年12月試運行當時車身上還沒有任何Logo

連結行駛的東北新幹線仍維持原本的8輛編組，只有「小町號」通車還不到兩年就已改為6輛編組

R編組
0番台
（6輛編組化）

1998年為因應秋田新幹線日益增加的輸送需求，將5輛車廂組成的R編組（R2～R16）及原本為S8編組的R1編組，全數增加至6輛車廂。

運用於「小町號」的列車於2014年3月14日退役，當時車身上貼有「ありがとうこまち（謝謝小町號）」的貼紙

由於增加車廂的緣故，多了1個內無集電弓的礙子罩，整輛列車共有3個礙子罩

與E5系連結行駛的R編組列車。
2000～2005年間陸續製造出R18～R26編組，
也運用在東北新幹線的增結列車中

R編組
0番台
（6輛編組）

1998年後投入服務的列車，在製造時就是以6輛編組登場。外觀上有兩個明顯的不同，除了內置集電弓的礙子罩變成兩個外，車頭的駕駛室還裝設了輔助用雨刷。

和5輛編組列車雖屬同樣番台但差異一目瞭然，
因為車頭的雨刷從1支變成了2支（一側是輔助用雨刷）

山形新幹線「翼號」
原本是以400系為專用列車，
之後則由E3系逐漸取代

L編組
1000番台

1999年山形新幹線延伸至新庄時，作為「翼號」使用而投入運行的7輛編組列車。烤漆採用銀色搭配綠色色帶是一大特徵。只有L51～L53三個編組。

TSUBASA
JR EAST JAPAN RAILWAY COMPANY

給人鳥兒展翅印象的Logo

外觀看似只有車身配色與R編組6節車廂不同。往東京方向的1號車設有併結裝置

與E4系連結運行的L51編組。延伸至新庄時，投入營運的有L51和L52兩個編組

L編組
2000番台

取代退役的山形新幹線主力「400系」，自2008年起投入服務的列車。和1000番台相比有許多不同之處，像是車燈形狀、懸吊系統的改變，綠色車廂和普通車廂的靠窗座位也都增設了插座。

2000番台共製造出L61～L72等12個編組，並依序投入服務。16～17號車的座位間距則從910毫米改為980毫米

最明顯的差別在於車燈的形狀，上下左右與之前完全相反

照片中的L54編組1000番台列車,是R25編
組0番台加上R24編組合併在一起的改造
車。L55編組也同樣是由R編組改造而成

L編組
1000番台(新烤漆)

2014年～2016年間進行了車身配色的更新,
以山形縣的禽鳥「鴛鴦」和縣花「紅花」為
設計藍本。同一時期將L51、L52編組報廢,
並新增改造自R編組的L54、L55編組。

車身上繪有櫻花、蜂斗菜、稻穀、蘋果、
紅花、櫻桃、雪、樹冰等圖案

新烤漆第1號是2000番台的L64編組，
自4月26日起開始投入服務

正越過防雪棚的列車。一路穿梭於
豪雪地帶也是E3系的特色之一

車身兩側的圖案會依
海側和山側而有不同

L編組
2000番台（新烤漆）

與1000番台同樣，於2014年～2016
年間將所有的車輛皆換成了新烤
漆。2000番台共有L61～L72等12
個編組。

車體顏色以「月山」的翡翠綠、「最上川」的藍、「翼號」的綠為設計意象，圓弧線條則代表沿線的山巒

翼號足湯列車
R18編組

2014年登場的首款新幹線觀光列車，由 6 輛編組而成。車內設置了榻榻米對號座、足湯等，相當特別。主要行駛於福島～新庄間，已於2022年停止服務。

Logo中集結了紅花、洋梨、將棋棋子等山形特產的元素

由原本用於「小町號」的R18編組改造而成，為新幹線第一輛觀光列車

車內設備等部分曾於2019年4月進行改裝翻新

現美新幹線
R19編組

2016年亮相的新幹線列車，車身外觀和車廂內裝皆為展示現代美術的空間。為6輛車廂編組，每一節車廂都展示不同藝術家的作品。主要行駛於上越新幹線的越後湯澤～新潟間，已於2020年結束營運。

乍看下為全黑，但其實是以午夜藍為底色。列車外觀是以長岡煙火為主題的藝術作品

基本上於週六日和假日運行，一天有3班往返。也有推出延伸駛入仙台或上野、東京的旅遊企劃商品。號稱是「世界最快速的美術館」

翼 號足湯列車

16號車廂設置的足湯。
購買足湯使用券後，每人可使用15分鐘

1+2列的對號座位，椅面為榻榻米，宛如和室包廂。
另外，每個座位前都設有樺木製的桌子

15號車廂的酒吧。
販售當地美酒與果汁等山形縣的飲料

15號車廂為「泡湯後的休息區」。
設有非常寬敞的榻榻米座位讓乘客休息

現 美新幹線

對號座的11號車廂。以「五穀豐收」、
「祭典」、「光明」為概念設計內裝

12號車廂採用單側鏡面不鏽鋼設計，
能夠清楚映照出窗外的新潟景色

13號車廂為兒童空間。同時也設有以
新潟為主題的咖啡廳

14號車廂單側牆面裝飾著照片

15號車廂內展示可動式的藝術品

16號車廂單側設置液晶螢幕，
會播放影片

內 裝

R編組的普通車廂自由座。
座椅為2＋2列配置

R編組的普通車廂對號座。
座椅為2＋2列配置

R編組的綠色車廂。
座椅為寬敞的2＋2列配置

L編組1000番台的普通車廂對號座。
座椅為2＋2列配置

L編組1000番台的綠色車廂。
座椅為2＋2列配置

L編組2000番台的普通車廂對號座。
座椅為2＋2列配置

L編組2000番台的綠色車廂。
座椅為2＋2列配置

列 車規格

寬度
2,945mm

全長(車頭)
22,825mm

車體高度
4,080mm

全長(中間列車)
20,000mm

列 車編組

11	12	13	14	15	16	17
グ	指	指	指	指	指	指

※翼號的編組
※自:自由座　指:對號座　グ:綠色車廂

行 駛路線

最高速度
130km/h

最高速度
275km/h

最高速度
240km/h

雫石　田沢湖　盛岡
秋田　角館　新花巻
大曲　北上
水沢江刺
一ノ関
新庄　くりこま高原
大石田　古川
村山
さくらんぼ東根
山形　天童　仙台
かみのやま温泉　赤湯　白石蔵王
高畠
米沢　福島
新潟
燕三条
長岡　郡山
浦佐　新白河
越後湯沢　那須塩原
宇都宮
小山
大宮
上野
東京

E3　87

E2 *Series*

**可應用於各種場合的
通用型新幹線**

E2系是由JR東日本所開發的標準型新幹線車輛,為沿途坡度陡急且電源頻率不同的北陸新幹線,以及與迷你新幹線併結、以時速275公里行駛的東北新幹線皆可共通使用的車型。

原先的規劃是N編組(8輛車廂)用於北陸新幹線、J編組(8輛車廂)用於東北新幹線,但後來東北、上越、北陸新幹線幾乎都採用了J編組。隨著J編組增加為10輛車廂及2002年J編組1000番台登場後,已無法再符合北陸新幹線的需求,只剩下東北、上越新幹線還在使用。

本系在北陸新幹線(東京~長野間)僅使用到2017年3月31日,上越新幹線的運用也已於2023年3月終止。目前在東北新幹線、上越新幹線、北陸新幹線等JR東日本管轄範圍內定期運行的列車,只有E2系和200系。

DATA

落成 ● 1995年
導入 ● 1997年3月22日
限乘人數 ● 640(8輛)／825名・814名(10輛)

材質 ● 鋁合金
編組數 ● 8輛／10輛
所屬 ● JR東日本

E2 89

由8輛車廂組成的S6編組，
主要投入北陸新幹線營運。
除了往長野方向的車頭沒有
併結裝置外，其餘皆與S7編組相同

S7編組的東京方向車頭（1號車），並無可
連結和拆卸的裝置，與S6編組完全一樣

S7編組的盛岡、長野方向8號車，
備有可連結和拆卸的裝置

S6編組
S7編組

由8輛編組而成的量產先行車。為符合東北、北陸兩條新幹線的需求，除了能對應50Hz和60Hz的電源頻率外，還搭載了可因應碓冰峠周邊陡坡的煞車系統。S7編組主要用於東北新幹線因此備有併結裝置，S6編組則無。

與E3併結、在東北新幹線
進行試運行的S7編組

量產化改造後更名為N1編組的S6編組。
照片中是用於北陸新幹線「淺間號」
的運行模樣

前身為S7編組的J1編組，同樣也投入
北陸新幹線「淺間號」列車營運（1999年）

J1編組於2002年又被改造成N21編組，
但連結裝置仍維持原樣

N1編組
J1編組

S6編組和S7編組分別試運行後，
1997年在量產化改造成營業用車輛
時，將S6編組更名為N1編組、S7編
組更名為J1編組。

於剛完工的北陸新幹線,
安中榛名~輕井澤間進行試運行
的N7編組。照片的拍攝日期是隔年
即將要通車的1996年11月14日

N編組
0番台

為迎接1997年10月北陸新幹線(東京~長野間)開業而準備的8輛編組列車,也行駛於上越新幹線區間。無搭載連結裝置,車鼻的形狀與量產先行車有些不一樣。此款列車已於2018年全數退役。

N13編組是最後投入營運的N編組列車,
也是E2系最後退出北陸新幹線服務時使用的車型

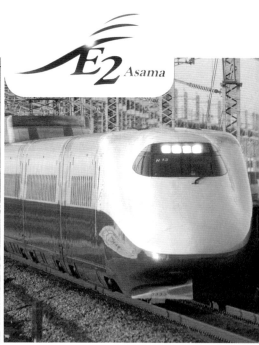

在退出北陸新幹線的營運前,
車身上印有「E2 Asama」的Logo

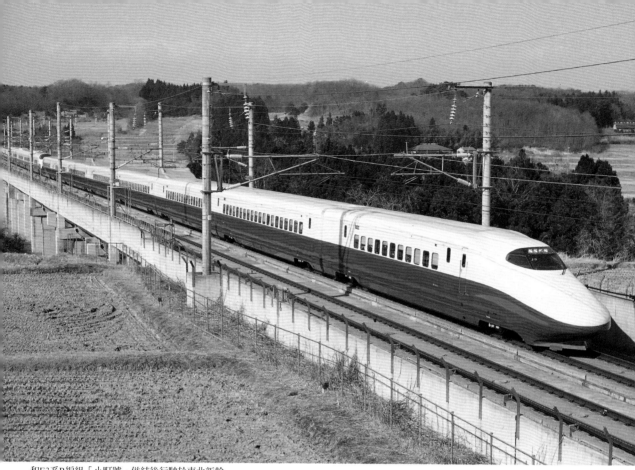

和E3系R編組「小町號」併結後行駛於東北新幹
線的J編組。照片的拍攝日期為秋田新幹線剛通
車後的1997年3月25日

J編組
0番台

1997年3月22日與秋田新幹線開業同步登場
的8輛編組列車。搭載可以與迷你新幹線併
結行駛的裝置。主要是為了在東北新幹線運
用而製造的車輛，但也行駛於上越、北陸新
幹線。

奔馳在北陸新幹線上的J編組列車，
也行駛於上越新幹線

備有連結裝置的200系K編組及正擦身而過
的J編組，為當時的兩大主力車款

奔馳於上越新幹線的10輛編組列車
「谷川號」。看到集電弓外蓋，
馬上就能辨識出是0番台

在進行改造成10輛車廂的工程時，
部分編組會和IN編組交換中間的車廂

於10輛編組化中新增的E225形100番台。
與1000番台同樣都是大窗，車門則由內嵌式改為拉門式

J編組

0番台(10輛編組)

隨著東北新幹線的需求增加，J編組
0番台自2002年起改以10輛車廂的
編組登場。為了配合同時期投入營
運的J編組1000番台，因此將車身
中間的色帶從紅色改成杜鵑粉，
Logo也同步更新。

從製造當初就以10輛車廂編組成的J52編組，
更之前的J51編組雖然屬於1000番台，
但仍維持8輛車廂和紅色色帶。
後來改為10輛車廂為一編組，
色帶也變更成杜鵑粉

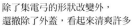

J編組
1000番台

為因應東北新幹線延伸至八戶後車輛需求增
加，分別於2002～2005年和2010年所投入的
10輛編組列車。由於沒有電源頻率轉換裝置
及對應陡坡的煞車系統，因此無法駛入北陸
新幹線區間。

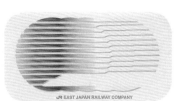

以蘋果和新幹線輪廓
為設計概念的新Logo

除了集電弓的形狀改變外，
還撤除了外蓋，看起來清爽許多

只有J70～J75編組擁有接近E5系的車內裝備，
普通車廂靠窗座位和綠色車廂都備有插座

車體塗裝仿造200系的象牙白10號＋綠色14號，但沒有重現銀色車頂和苔綠色雨水管

奔馳於東北新幹線的J66編組列車，除了單獨運行外，也會與E3系併結行駛

J66編組
200系顏色

2022年為紀念日本鐵道開業150週年及東北、上越新幹線通車40週年，將J66編組（1000番台）的車輛外觀塗裝成200系新幹線的配色。6月登場後，分別在東北新幹線和上越新幹線行走。

各 編組的內裝差異

1000番台的普通車廂座位，
為2＋3列配置

一樣是1000番台的普通車廂座位，
但奇數和偶數車廂的絨布顏色不同

1000番台的綠色車廂座位，為2＋2列配置

列 車規格

車體高度
3,700mm

寬度
3,380mm

全長(車頭)
25,700mm

全長(中間列車)
25,000mm

列 車編組

1	2	3	4	5
自	自	自	自	自
指	指	指	グ	指
6	7	8	9	

※疾風號的編組
※自:自由座　指:對號座　グ:綠色車廂

行 駛路線

最高速度
260km/h

最高速度
275km/h

最高速度
240km/h

最高速度
260km/h

新青森
七戶十和田
八戶
二戶
いわて沼宮内
盛岡
新花巻
北上
水沢江刺
一ノ関
くりこま高原
古川
仙台
白石蔵王
福島
郡山
新白河
那須塩原
宇都宮
小山
大宮
上野
東京

新潟
燕三条
長岡
浦佐
ガーラ湯沢
越後湯沢
上毛高原
長野
軽井沢
上田
佐久平
安中榛名
高崎
本庄早稲田
熊谷

維修保養！
maintenance

營業列車

~退役~

E4 *Series*

能夠一口氣大量載運乘客
的雙層新幹線

　為全世界載運量最大的高速列車，擁有最多可供1634名乘客搭乘的運輸能力。為了達到此目標，除了全車採用雙層設計外，普通車廂2樓自由座的座椅為3+3列配置，部分車廂的甲板空間還設有摺疊座椅。淡季期間會將16輛車廂的編組縮減為8輛，讓車輛調度更加靈活。不僅比前身的E1系增加約400名的載客量，也彌補了E1系固定編組、使用上不夠彈性的缺點。

　和同樣雙層構造的E1系相比，最大的不同在於車頭形狀，長長的車鼻是為了因應列車的空氣動力學特性，最高時速則與E1系一樣都是240公里。

　原本行駛於東北、北陸和上越新幹線，但2003年9月已結束北陸新幹線的定期行駛，接著在2012年7月和2021年10月也分別退出了東北新幹線和上越新幹線的服務。最後於2021年10月17日正式退役。

| **D A T A** | 落成 ●1997年
導入 ●1997年12月20日
限乘人數 ●1634名（16輛） | 材質 ●鋁合金
編組數 ●16輛／8輛
所屬 ●JR東日本 |

初登場時上半車身為飛雲白、下半車身為紫苑藍，
中間以山吹黃的色帶分隔

初登場時的Logo。採用E1系的
Max Logo稍加變化

▌P編組

基本上為8輛編組列車。5號車設有
商店，6號車則規劃了可以容納12
人的迷你小房間，另外還有可將輪
椅、商品推車送上2樓的電梯等特殊
裝備。

1997年12月正式投入東北新幹線營
運，自1999年起與400系、E3系
「翼號」連結行駛，於2001年5月
也開始運行於上越新幹線。

外蓋自動開闔的連結器。
除了E4系之外，
也可以和E3系等列車連結

線條柔和的車頭。
此一設計主要是為了抑制噪音

2001年符合北陸新幹線需求的車輛正式登場。P51編組於1月完工，P52編組於2月完工

P編組
P51/P52/P81/P82

2001年7月起開始駛入北陸新幹線，因此推出了能行駛於碓冰峠陡坡的編組。其中的P81和P82編組配有可對應50Hz和60Hz兩種不同電源頻率轉換（輕井澤～佐久平間）的功能，從輕井澤再往前繼續行駛也沒問題。

雖然P81、P82編組能對應50／60Hz兩種電源頻率，但行駛範圍只有到輕井澤

P編組
新烤漆

為配合2014年的「新潟Destination」活動，將車身換上了與E1系一樣的烤漆。除了中間的色帶改為朱鷺色外，Logo上也印有朱鷺。由於是依序更換烤漆，因此也會見到新舊烤漆車輛連結行駛的畫面。

Logo上有大大的朱鷺插圖，
Max字樣較小

舊烤漆和新烤漆同時存在的編組列車，
直到2016年左右都還見得到

最後一班定期運用的「Max谷川號」。
Max的名稱也同時走入歷史

車身側面印有專屬的
LAST RUN Logo

為迎接2021年10月即將退出服務，
從3月11日起開始舉辦 LAST RUN 活動

E4系在2021年10月1日結束定期運用後，
於10月17日正式退役

2樓的普通車座位。
座椅為2＋3列配置

1樓的普通車座位。
座椅為2＋3列配置

2＋2列的綠色車廂座位。
這是位於2樓的座椅

普通車廂自由座。座椅為3＋3列配置，
椅背為固定式，無法移動

通道上的收納式座椅

位於5號車廂的商店。
現在商店會在滑雪季時營業，
取代車廂內的推車販售

特 殊裝備

為了方便乘客抵達位於2樓的綠色車廂，備有輪椅可使用的電梯

為了把販售商品的推車送上2樓，樓梯中間備有升降梯

列 車規格

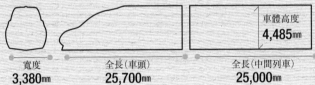

寬度	全長(車頭)	車體高度	全長(中間列車)
3,380mm	25,700mm	4,485mm	25,000mm

列 車編組

	1	2	3	4	5	6	7	8
2F	自	自	自	自	指	指	グ	グ
1F	自	自		自	指	指	指	指
2F	自	自	自	自	指	指	グ	グ
1F	自	自	自	自	指	指	指	指
	9	10	11	12	13	14	15	16

※Max和Max谷川號的編組
※自:自由座　指:對號座　グ:綠色車廂

行 駛路線

最高速度
240km/h

盛岡
新花巻
北上
水沢江刺
一ノ関
くりこま高原
古川
仙台
白石蔵王
福島
郡山
新白河
那須塩原
宇都宮
小山
大宮
上野
東京

新潟
燕三条
長岡
浦佐
ガーラ湯沢
越後湯沢
上毛高原
安中榛名
軽井沢
高崎
本庄早稲田
熊谷

E1 _Series_

第一輛雙層新幹線

D A T A
製成 ● 1994年
導入 ● 1994年7月15日
限乘人數 ● 1,235名

材質 ● 普通鋼
編組數 ● 12輛
所屬 ● JR東日本

新幹線上第一輛全面採雙層架構的列車，由JR東日本開發。為因應東北、上越新幹線與日俱增的乘車需求而導入這款車系，目的在於運輸通勤、上學的大量乘客。相較於當時的主流車款200系12輛編組，E1系多出四成的運載輛，最多可載運1235名乘客。因此，普通車廂自由座出現3＋3列的配置。

列車的設計概念分別為外部塗裝的壯闊＆活力感以及內裝的高品質＆舒適性。暱稱為「Max」是Multi Amenity eXpress的簡稱。表示這是一輛兼具舒適性的特急列車。

原本這款車輛預定以600系為名，後來因JR東日本採用新的命名規則，而改稱為E1系，600系的名稱也成了被新幹線車輛棄用的型號。此後由JR東日本開發的新幹線車輛，一律改用英文字母E開頭命名。

E1系於1994年7月15日投入服務，至2012年9月29日結束營運。

配色上半部為藍灰色、下半部為銀灰色，
再加上孔雀綠的色帶

初登場時的Logo上，印有列車型號和
意指雙層新幹線的「DDS」字樣

M編組
試運行

於正式營運前的1994年3月登場的編組列
車。當時僅M1和M2兩個編組，且尚未印上
之後暱稱為「Max」的Logo，只放上了意指
雙層車廂的「DDS」字樣和列車型號的E1
Logo。

色帶的位置正好落在
上下兩層車廂的中間

正在試運行中的M1編組列車。
最初只有製造出M1和M2兩個編組

投入營運中的M1編組列車。車身側面的
Logo已經換成了「Max」字樣

以代表「Multi Amenity eXpress」之意
的「Max」作為 Logo

M編組

自1994年7月起投入東北新幹線和上越新幹
線的營運，並印有全新的「Max」Logo。起
先只有M1和M2兩個編組，直到1995年又追
加了M3～M6等4個編組。隨著E4系開始投
入服務後，E1系也在1999年12月退出了東北
新幹線的運行。

車頭採用被稱為「Aero Dynamic Nose」
的形狀，駕駛室則如同飛機座艙罩般

變更塗色後，給人的印象也煥然一新。
照片中的M6編組是最後完工的車輛

M編組
重新整修

退出東北新幹線的營運後，只剩下上越新幹線仍有E1系在服役中。由於登場已約10年之久，自2003年起依序進行整修工程，烤漆也一併更新。除了採用與E2系一樣的基底色調外，中間也搭配了朱鷺色的色帶，並在Max的Logo上加入朱鷺的插圖。

Logo承襲原有的設計稍加改變，
加入朱鷺的插圖。

整修前的2樓自由座，原本是沒有扶手的
3+3列配置，整修後增加了扶手

隨著E5系的登場，E4系陸續轉到上越新幹線後，
E1系也宣告退出了服務行列

各 編組內裝的差異

2樓普通車廂的自由座，採3＋3列配置

1樓普通車廂的自由座，採2＋3列配置

2樓普通車廂的對號座，採2＋3列配置

1樓普通車廂的對號座，採2＋3列配置

2樓的綠色車廂，採2＋2列配置

8號車廂設有商店

6號車廂設有
自動販賣機

行 駛路線

盛岡
新花卷
北上
水沢江刺
一ノ関
くりこま高原
古川
仙台
白石蔵王
新潟　福島
燕三条　郡山
長岡　新白河
浦佐　那須塩原
ガーラ湯沢
越後湯沢
上毛高原　宇都宮
高崎　小山
熊谷
本庄　大宮
早稲田　上野
東京

最高速度
240km/h

列 車規格

車體高度
4,485mm

寬度　　全長(車頭)　　全長(中間列車)
3,380mm　**26,050**mm　**25,000**mm

列 車編組

	1	2	3	4	5	6	7	8	9	10	11	12
2F	自	自	自	自	指	指	指	指	グ	グ	グ	指
1F	自	自	自	自	指	指	指	指	指	指	指	指

※Max和Max谷川號的編組　　※自:自由座　　指:對號座　　グ:綠色車廂

400 *Series*

第一款新在直通新幹線列車

400系是為了因應由在來線拓寬軌距而來的山形新幹線所開發的列車，也是首款新在直通的迷你新幹線車輛。為了能夠行駛於新幹線規格的路線，又能同時使用在來線規格的月台和隧道，本系的特徵就是列車寬度須配合在來線規格所以變得較為狹窄。因此，在新幹線月台停靠時，於車門下方設計階梯方便乘客上下車。為了與東北新幹線的列車併結，在往東京方向的車頭裝設了外卓可自動開闔的連結器。像這樣迷你新幹線用的基礎構造，也沿用於之後的E3系與E6系。

為山形新幹線「翼號」的專用列車，1992年登場時的金屬銀色烤漆，是有別於其他新幹線的一大特徵。1999年以山形新幹線延伸至新庄為契機，重新翻修了烤漆和內裝。最後於2010年4月18日停止營運，正式退役。

DATA

落成 ● 1990年	材質 ● 普通鋼
導入 ● 1992年7月1日	編組數 ● 7輛
限乘人數 ● 399名	所屬 ● JR東日本

除了沒有綠色色帶、駕駛室下方設有
橢圓形窗戶、LED式目的地顯示器、
車底機械外蓋等皆與量產車不同

| S4編組

為首款新在直通新幹線列車於1990年完工的
量產先行車。除了車身兩側的窗戶周邊以
外,全部都塗上了金屬銀色。由於會行經板
谷峠等陡坡路段,因此6輛編組的每一節車
廂均設有馬達。

以列車型號400作為
設計意象的Logo

所有車門皆為內嵌式,且在設計時盡量
減少車身側面的凹凸稜角

為了與其他新幹線連結行駛,車頭備有外蓋
自動分割、併結的連結器

由於行經降雪地區，備有耐雪煞車。
此外，車內還設有放置滑雪用具的收納箱

L1編組

由量產先行車的S4編組改造而成。除了取消駕駛室下方的橢圓形窗設計外，規格和烤漆顏色皆與量產車的L編組無異，只有車底機械的蓋板維持S4編組的原樣。

擴編成7輛車廂的L1編組列車。僅加掛的中間車廂門是拉門式，其餘均為內嵌式門

由量產車編組而成。從拉門式門、
車窗下緣的綠色色帶、
駕駛室下方的圓窗、車底機械外蓋等，
皆可看出不同之處

L編組
6輛車廂

1992年開始投入服務的6輛編組量產車。跟
S4編組相比，除了車身配色略有差異外，原
本的內嵌式門全數改成拉門式，為保護車輛
下方機器而裝設的外蓋也不太一樣。此外，
標示目的地的顯示器也從LED改為字幕式。

為首款新在直通的新幹線列車，與200系或E4系
連結後行駛於東北新幹線

每節車廂均設有馬達，因此能以時速85公里
的速度一路翻越板谷峠

量產車的形狀與S4／L1編組略有不同，
給人俐落的印象

擴編成7輛車廂的列車。照片中從後方算起的第2輛就是新追加的車廂，也是唯一一節無動力裝置的附隨車，其餘車廂皆設有馬達

L編組
7輛車廂化

隨著山形新幹線的需求增加，在1995年12月修正時刻表後，即擴編成7輛車廂的編組。原先的車廂編號為9～14號車，變更後往山形方向的車頭為15號車。之後為配合併結行駛的東北新幹線200系的10輛編組化，於1997年3月又變更為11～17號車。

原先往東京方向的車頭是9號車，但在10輛車廂化後已改為11號車

以金屬灰為基底，將車體的下半部
改成深灰色並搭配綠色線條。和E3
系「翼號」的車身配色相同

與E3系「翼號」通用的新Logo

L12編組雖然是最後完工的列車，但在報廢
時卻排在L1、L2、L9的後面，名列第4

L編組
7輛車廂重新整修

1999年12月山形新幹線延伸至新庄的路段正
式通車。以此為契機，E3系開始在山形新幹
線運行，也配合E3系變更車身的配色和
Logo，同時內裝也進行了翻新。

由於已有增備車輛，E3系L編組於2010年
退出服務。照片中是最後退役的L3編組

各 編組的內裝差異

普通車廂自由座的車內樣貌，座椅為2+2列配置

普通車廂對號座的車內樣貌，座椅為2+2列配置

綠色車廂的座位。座椅為1+2列配置，
空間非常寬敞

試作時的車內設計原本是這樣的感覺

列 車規格

車體高度
3,870mm

寬度
2,950mm

全長(車頭)
23,075mm

全長(中間列車)
20,500mm

列 車編組

11	12	13	14	15	16	17
グ	指	指	指	指	自	自

※翼號的編組
※自:自由座　指:對號座　グ:綠色車廂

行 駛路線

新庄
大石田
村山
さくらんぼ東根
天童　仙台
かみのやま温泉　山形
赤湯
高畠　白石蔵王
米沢
福島

最高速度
130km/h

郡山

新白河

那須塩原

最高速度
240km/h

宇都宮

小山

大宮
上野

東京

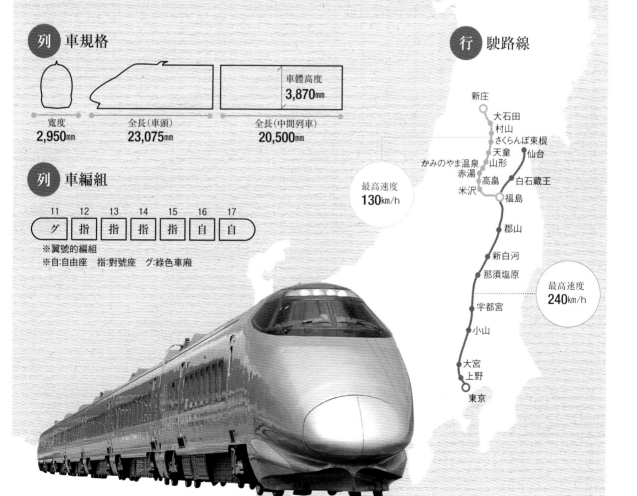

200 *Series*

**因應雪地等寒冷地區
的新幹線列車**

D A T E

落成 ● 1980年	材質 ● 鋁合金
導入 ● 1982年6月23日	編組數 ● 8輛 ／ 10輛 ／ 12輛 ／ 13輛 ／ 16輛
限乘人數 ● 885名（12輛）	所屬 ● 日本國有鐵道　JR東日本

由國鐵以962形為基礎所開發的列車，適用於必須行經積雪和寒冷氣候的東北、上越新幹線。為避免軌道上的積雪影響車輛運行，除了在裙襬部分安裝除雪翼外，還將車輛下方覆蓋住，以保護車底的機電設備。車身採用鋁合金製造，以減輕因耐寒對策所增加的車體重量。

1982年登場時，最高時速為210公里，但在1983年時就出現可以時速240公里行駛的列車。當時是新幹線史上最快的車款。之後，更出現能以時速275公里行駛於上越新幹線上毛高原～浦佐區間的列車，直到500系登場前，本系一直都是日本最快的新幹線。

至2013年4月14日退役為止，共營運了31年，期間也曾推出類似100系車頭的車輛外觀。另外，本系曾搭載雙層車廂，編組曾經增減，車體本身也曾翻新過，和0系一樣版本非常豐富。

200

以時速210公里行駛的列車。
仙台第一新幹線駕駛所與新潟
第一新幹線駕駛所共計配有36個
編組的列車

E編組
0番台

為了1982年6月開業的東北新幹線及1982年11月通車的上越新幹線而投入運用的12輛編組列車。於1980～1982年間製造出了E1～E36編組（總計438輛）。以12輛車廂為一編組，7號車為綠色車廂，9號車為自助餐車。

具有防寒耐雪設計的200系列車，
在性能方面與0系有很大的差異

開業前的1981年8月，於一之關～古川間
進行試運行的E13編組列車

照片中的F3編組於1983年12月登場時
原本是E39編組，隔年才更名為F3。
1000番台的車窗數量與0番台一樣

F編組
1000番台／1500番台／0番台

能對應時速240公里行駛的12輛編組列車，
集電弓只用到E編組的一半。原本的E37～
E39編組更名為F1～F3後，又陸續導入了
F4～F21編組（1000番台）。E編組後來也
多數都被改造並併入F編組（0番台）運行。

從一開始就以F編組登場的F10編組。
照片中為1500番台的車輛，車頭的車窗數量很多

列車在1991年左右進行了一些改造，
將6支集電弓減至4支，再加上外蓋

原E2編組（0番台）。集電弓已從
6支減為4支，且加上了外蓋

由F54／F59／F14／F16編組改造而成的
F90～F93編組。行經上毛高原～浦佐間
的陡下坡時，最高時速可達275公里

F編組
特別規格

因應特別目的改造而成的F編組。F80運用於
北陸新幹線，是唯一行駛於東京～長野間的
200系列車。F90～F93作為「朝日號1號」
和「朝日號3號」使用，在上越新幹線部分
區間的最高時速可達275公里，當時曾是全
日本最快的新幹線。

前身為F17編組的F80編組。為因應長野舉辦冬季奧運的增車需求，
將列車改造以運用於北陸新幹線（陡坡和電源頻率）。為200系中唯一駛入長野的列車

原本12輛車廂的E編組已縮減為10輛
照片中是上越新幹線的「朱鷺號」

10輛車廂的G編組又再次縮減，改以8輛車廂為一編組。
照片中是東北新幹線的「青葉號」

設有集電弓的G編組8輛車廂。
照片中是東北新幹線的「山彥號」

G編組

將E編組縮減為10輛車廂後的編組，於國鐵末期的1986年登場。提供使用率較低的東北新幹線各站停車的「青葉號」及上越新幹線各站停車的「朱鷺號」使用。1987年又縮短成8輛車廂為一編組。由於最高時速只有210公里，因此也是最先會被汰換掉的車輛。

改造自F6編組等列車的K3編組。
後方併結在一起行駛的是400系的
山形新幹線「翼號」

F編組於1997年直接改成了10輛車廂，
照片中是前身為F21編組的K51編組

往盛岡方向的車頭，
設有外蓋自動開闔的連結器
以及距離感測器

由於需求增加，K編組的8輛車廂擴增
為10輛。照片中是K11改成的K31編組

K編組

1992年山形新幹線開業時為了與
400系併結行駛於東北新幹線，將F
編組改造成備有連結裝置的8輛車廂
列車，且能以240公里的時速運
行。隨著需求的增加，1997年進行
擴增，改以10輛車廂為一編組。

K編組
重新整修

1999年日漸老化的K編組進行了整修作業，不只座椅和內裝翻新，連外觀也都煥然一新。車身配色雖以E2系為基調，但中間色帶選用了會讓人聯想到200系的綠色。

車身配色上半部改為「飛雲白」、下半部為「紫苑藍」，中間加上一條200系的「綠色疾風」色帶

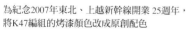
為紀念2007年東北、上越新幹線開業25週年，將K47編組的烤漆顏色改成原創配色

駕駛室的擋風玻璃變更為曲面形狀，給人的印象也大不相同

照片中的K51編組是最後一輛退役的200系列車，已於2013年6月報廢

登場當初的只有一輛雙層車廂，
為13輛車廂編組。但到了1990年末，
已改為兩輛雙層車廂，為16輛車廂編組

H編組
2000番台／200番台

F編組
2000番台／200番台

車頭的鯊魚鼻造型近似於100系的
編組列車。於國鐵分割民營化的
1990年後製造的H編組以雙層車廂
連結。除了最高時速可達245公里
外，車身側面的色帶也改成細條
紋。F編組的車頭也同為鯊魚鼻的
設計。

車頭採用跟100系一樣的鯊魚鼻
造型，給人尖銳的印象

有兩輛雙層車廂相連的H編組（16輛車廂）。
1樓是咖啡廳，2樓為綠色車廂

最初的H編組，只有一輛雙層車廂。
2樓為綠色車廂，1樓設有綠色包廂和
普通包廂

前身為E編組0番台的F編組200番台，車頭由中間車廂改造而成。車身上沒有細條紋

雖同為200番台車頭，但設計上是以前身的F編組1000番台為藍本。F5和F8也為同樣編組

僅將E編組0番台的車頭替換成新造車2000番台的F32編組，車身上有細條紋

還來不及改造車頭，只塗上細條紋裝飾的H6編組，直到半年後才全部改造完成

內裝

普通車廂內，2列的座位可以轉向，但3列的座位則是固定的，所以在列車中央可以看到座位方向改變的樣貌

綠色車廂內，2+2列可旋轉的後躺座椅

自助餐車廂內的樣貌。餐廳為站著吃的類型。車廂有一半是普通車。車內有數位式的速度計，標示列車行駛的速度

更換絨布椅面的普通車廂。有些車廂將3列座位改成可轉向的座椅

翻新時的普通車廂。改用椅面可調整的E2系座椅

翻新時的綠色車廂。這裡也改用E2系的座椅配置

列車規格

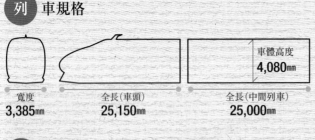

		車體高度 **4,080**mm
寬度 **3,385**mm	全長(車頭) **25,150**mm	全長(中間列車) **25,000**mm

列車編組

1	2	3	4	5
自	自	自	自	自
指	指	指	グ	指
6	7	8	9	10

※K編組的列車
※自:自由座　指:對號座　グ:綠色車廂

行駛路線

盛岡
新花卷
北上
水沢江刺
一ノ関
くりこま高原
古川
仙台
白石蔵王
福島
郡山
新白河
那須塩原
宇都宮
小山
大宮
上野
東京

新潟
燕三条
長岡
浦佐
ガーラ湯沢
越後湯沢
上毛高原
高崎
熊谷
本庄早稲田
軽井沢
安中榛名
佐久平
上田
長野

最高速度 **240**km/h 部分 **275**km/h

最高速度 **240**km/h (僅H編組 **245**km/h)

最高速度 **240**km/h

ただいまの速度 **210**km/h

2 48列車

綠色車廂的樣貌。
因為在2樓，所以景色非常好

有專為綠色車廂設計的
輪椅升降梯

2樓的綠色車廂。
和248的座椅不同

咖啡廳沒有座椅，
採站著吃的方式經營

2 49列車（雙層車輛）

2樓的綠色車廂。
和248的座椅不同

綠色車廂內的2人用包廂。
擁有非常完善的沙發座椅

綠色車廂內的單人用包廂。
備有寬敞的沙發座椅

四人用的普通包廂式座椅。
空間寬敞而且能面對面坐下

300 *Series*

**以270公里的時速
讓東海道新幹線高速化**

為了將營運速度提升到時速270公里，JR東海以國鐵的研究為基礎開發300系列車。這是第一個採鋁合金以及VVVF控制的東海道、山陽新幹線列車，試圖靠這些做法大幅減輕車身重量。

東海道新幹線的「希望號」和這款車同時誕生，2個小時就能連結東京～新大阪，比過去還快20分鐘。隔年1993年開始應用於山陽新幹線，5小時又4分鐘就能連結東京～博多。300系的列車在當初是以希望號專用列車的模式運行。

本系沒有連結0系和100系那樣的咖啡廳車廂和餐廳車廂，只有設置小商店。主要目的為大量運輸乘客，成為新型態的新幹線。

因為N700系的增備，2012年3月16日正式自東海道、山陽新幹線退役。

DATA		
落成 ● 1990年	材質 ● 鋁合金	
導入 ● 1992年3月14日	編組數 ● 16輛	
限乘人數 ● 1,323名	所屬 ● JR東海／JR西日本	

僅J0編組的車身上印有以300系
側面輪廓所設計的Logo

JO編組
9000番台

1990年登場的測試車。與量產車相
比，車頭的形狀、集電弓的數量等
部分皆不一樣。1992年變更為J1編
組，1995年完成量產化改造並投入
營運。

有別於量產車，
兩側車身較為圓潤
且車燈為四角形

試運行中的J0編組。由於當時高架
電線的供電方式不同，所以集電弓
的數量比量產車還多

集電弓的外蓋體積很大且數量多達有5個，
差異顯而易見

前擋玻璃的形狀和明亮的藍色色帶，
皆與量產車不同

初期的J編組，採用內嵌式車門，
集電弓有3支，之後改為2支

因集電弓數量減少而設置的
特高壓引通線電纜接頭相當醒目

量產車的正面。可以看出車燈和
兩側車身的差異

J編組 0番台
F編組 3000番台

300系的量產車，又分為隸屬於JR
東海的J編組和隸屬於JR西日本的F
編組。依製造時期不同，規格也各
異，集電弓有3支或是2支的差別，
客用車門則有內嵌式或是拉門式的
差別。

初期的F編組。
車門選用內嵌式，
集電弓有3支

變更為拉門式車門的F編組，
集電弓也已改成了2支

改造後的J編組。
兩面側壁遮音板已塗上灰色。
集電弓的周圍設置、電纜接頭皆已
全數改成和700系一樣的規格

集電弓等部分經過改造的F編組。
兩面白色的側壁遮音板正是F編組
的特徵

J編組 0番台改造後
F編組 3000番台改造後

1999年700系問世後，便開始進行減低噪音
的工程。將集電弓的周圍全都變更和700系
相同的設備，包括改採單臂集電弓、礙子罩
與兩面側壁遮音板的設置。

2012年3月16日，300系以「希望號」329號之姿
完成了東京～新大阪間的旅程後，正式引退

裝飾著印有「ありがとう（謝謝）」字樣的
車頭銘版和車身貼紙

能實際坐進車內進行確認的Mockup，
1987年曾經在東京車站八重洲口廣場展示

從Mockup的各角度照片
來看，前擋玻璃的形狀等
部分都讓人聯想到300系

Mockup

1987年在開發300系時，JR東海製
作了一台Mockup（模擬實物的模
型）。當初是以「超級光號」為概
念，並以接近100系的規格為假想
來設計。

採高底盤結構、全景規格的車窗，
座椅背面還設有液晶電視

內 嵌式車門

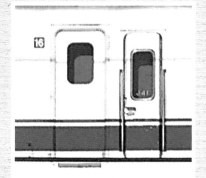

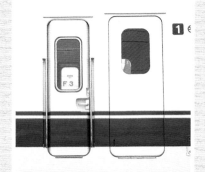

車門初期選用內嵌式,後來改為拉門式

連 結器

打開車前蓋的時候。
連結器可摺疊收納在這個空間裡

希 望號誕生

自300系開始營運的「希望號」。
當初設定「希望301號」停靠新橫濱站,
駛往名古屋、京都,在當時蔚為話題

商 店

由於新幹線速度提升,乘車時間縮短,本系不再
連結自助餐車廂和餐廳車廂,而是設置商店。量
產先行車(左)和量產車(右)的設計不同

各 編組內裝的差異

JO編組奇數號的普通車廂，以藍色為基調

JO編組奇數號的綠色車廂，採用明亮的配色

JO編組偶數號的普通車廂，氛圍明亮

JO編組偶數號的綠色車廂，採用灰色的沉穩色調

J編組的普通車廂，以沉穩的色調搭配

J編組的綠色車廂，色調更加沉穩

列 車規格

車體高度
3,650mm

寬度
3,650mm

全長(車頭)
26,050mm

全長(中間列車)
25,000mm

行 駛路線

最高速度
270km/h

東京
品川
新横浜
小田原
新富士
熱海
三島
静岡
掛川
浜松
豊橋
三河安城
名古屋
岐阜羽島
米原
京都
新大阪
新神戸
西明石
姫路
相生
岡山
新倉敷
福山
新尾道
三原
東広島
広島
新岩国
徳山
新山口
厚狭
新下関
小倉
博多
博多南

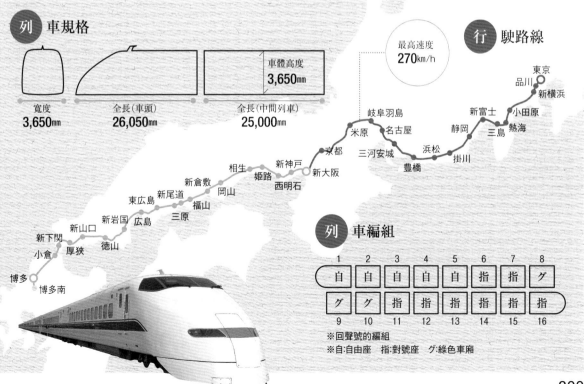

列 車編組

1	2	3	4	5	6	7	8
自	自	自	自	自	指	指	グ
グ	グ	指	指	指	指	指	指
9	10	11	12	13	14	15	16

※回聲號的編組
※自:自由座　指:對號座　グ:綠色車廂

100 *Series*

銳利的造型是一大特徵。
第一輛導入雙層車廂的新幹線

新幹線開業21年後的1985年，東海道新幹線用的新型車輛100系正式上路。

為首款擁有雙層車廂的新幹線列車，當時0系的圓弧設計已經成為新幹線的既定印象，而100系則是以銳利的車頭試圖將新幹線全面改版。

這樣的車頭造型也是為了減少空氣阻力並提升速度，使得100系的最高時速可達到220公里，比1985年當時的0系快了10公里。1989年登場的V編組列車甚至可達到230公里。

雙層列車除了有食堂和自助餐廳，當初綠色車廂內仍有包廂，而且備有電話鬧鐘。另外，過去0系普通車廂的3人座椅無法轉向，所以有部分座位會和前進方向相反，但自100系後都改為可轉向的座椅。

本系列車於2012年3月16日退役。

DATA 　落成 ● 1985年　　　　　　材質 ● 普通鋼
　　　　　導入 ● 1985年10月1日　　 編組數 ● 4輛／6輛／12輛／16輛
　　　　　限乘人數 ● 1,285名（登場時）　所屬 ● 日本國有鐵道／JR東海／JR西日本

在東海道、山陽新幹線，
這是自0系以來第一次全面改版，
因此給人強烈的印象。

XO編組
9000番台

原本是1985年登場的16輛車廂編組試作車，後來也實際投入了營運。以連結雙層車廂行駛為一大特徵。除了側面採小型車窗、車燈角度比量產車來得往上傾斜外，其他的細部規格也不一樣。1986年進行了量產化改造，並更名為X1編組。

和0系1000番台一樣側面採小車窗，色帶下方有條細條紋

試運行時，有時整列車中只會有一輛雙層車廂

與0系車頭圓圓的設計風格截然不同，俐落的外觀十分吸睛

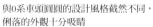

G編組
12輛車廂

為1986年春天登場的12輛車廂編組的量產車,有G1~G4四個編組。一開始是作為「回聲號」使用,並無連結雙層車廂。同年10月才加入了雙層車廂,並更名為X2~X5編組。

其中一輛是綠色車廂的12輛車廂編組。普通車廂的側面窗長達1660毫米,比0系的大車窗還要長

與X0編組相比,車燈的角度和車窗大小都不一樣

初代G編組只上路運行不到半年的時間

中間的8、9號車是雙層車廂。
此編組也成了100系給人的既定印象

車頭與舊款G編組一樣，
照片中為X2編組，其前身是G1編組

X編組

包括由X1編組、G編組12輛重組而成的16輛編組，以及1987年製造、由16輛車廂為一編組的X6～X7編組。原本主要是作為行駛於東京～博多間的「光號」使用，1998年10月退出「光號」的服務後，便改為投入「回聲號」運用。

8號車的2樓是餐廳，1樓有廚房和商店；
9號車的2樓是開放式綠色車廂，1樓為包廂式綠色車廂

雙層車廂的車身上原本印有NS標誌，
但國鐵民營化後已經被JR的標誌取代

代表「New Shinkansen」之意的NS標誌，
民營化後已不再使用

乍看下與X編組無異,
除了雙層車廂內設有4人包廂外,
8號車的規格也有不同

起先只有G1~G3編組的9號車1樓綠色車廂
沒有設置4人包廂,但後來已追加增設

G編組
16輛車廂

將原先設在雙層車廂的餐車改成綠
色車廂和咖啡廳空間的16輛編組,
適用於行駛東京~新大阪間等短程
班次的列車使用。總共製造出G1~
G50等50個編組,並逐漸取代0系列
車的位置。

8號車的2樓是綠色車廂,
1樓設有咖啡廳

整列車中有4輛雙層車廂。為了補足馬力，
因此將車頭改成馬達車

V編組
3000番台

編組中連結了4輛由JR西日本開發的雙層車廂，又被稱為100N系。以「豪華光號」的暱稱為人熟知，當時是運用於東京～博多間。在山陽新幹線區間的時速最高可達230公里。

7、9、10號車的2樓是開放式綠色車廂，1樓為開放式
普通車廂。綠色車廂座位設置了電視液晶螢幕

國鐵分割民營化後，由旗下本來沒有
雙層新幹線的JR西日本所開發

8號車仍維持餐車的原樣，
但內裝多了些許豪華氣息

K54編組在登場時就已經換上新烤漆。
之前的K編組也陸續完成烤漆更新的作業

登場時還是白底藍帶的K52編組，
後來已變更為新的顏色。照片攝於2003年12月

K編組
5000番台／5050番台

JR西日本以V編組或G編組為基礎，所推出的6輛短編組列車。全數座位皆採2+2列配置。2002～2003年間共投入了K51～K60等10個編組。一開始的車體顏色是白底配上藍色色帶，K54編組以後改為淺灰色底搭配嫩綠色色帶，但2010年又恢復成白底藍帶的模樣。

重新塗回白底藍帶模樣的K編組。
照片攝於2011年

P編組
5000番台／5050番台

以V編組或G編組為基礎改編成的4輛短編組列車。2000～2005年間推出了P1～P12編組,作為汰換0系Q編組的列車使用。車體的顏色也是一開始為白底藍帶,之後才又改成淺灰底搭配嫩綠色色帶。

登場時的P編組,車身上的塗裝為白底搭配藍色色帶。P1～P3編組使用了當初V編組的普通車廂,座位採2+3列配置

2003年12月的P編組,車身上的色帶已改為嫩綠色

5050番台的車頭,是由V編組的中間車廂加上G編組的車頭部分改造而成

X0 編組的內裝

奇數號的普通車廂。座椅間隔擴大，
3人座的座椅也能夠轉向

偶數號的普通車廂，
採2＋3列的座椅配置

單層（非雙層車廂）
的綠色車廂

雙層車廂2樓的綠色車廂座位

餐廳車廂1樓的廚房

2樓擁有大片觀景窗的餐廳。
牆面上繪有鐵道列車的蝕刻板畫

雙層車廂1樓的3人座包廂

雙層車廂1樓的單人座包廂

單層車廂的單人座包廂。
量產改造時撤除

X0編組獨有的單層車廂雙人座
包廂。量產改造時撤除

X 編組的內裝

偶數號的普通車廂

奇數號的普通車廂

雙層列車2樓的綠色車廂座位

單層列車的綠色車廂

2樓的餐廳

餐廳車廂中設置數位速度計

雙層列車1樓的單人包廂。
採用卡片感應式鑰匙

雙層列車1樓的雙人包廂。
採用卡片感應式鑰匙

雙層列車1樓的三人包廂。
一樣採用卡片感應式鑰匙

Ⓥ 編組的內裝

豪華光號2樓的
綠色車廂

V編組豪華光號的餐廳。
和X編組的餐廳氛圍截然不同

豪華光號雙層車廂1樓的普通車。
採2＋2列座椅配置

食堂車的1樓也設有商店

Ⓖ 編組的車內景象

雙層車廂1樓以咖啡廳取代餐廳

模 型

雙層車廂的
實物尺寸模型

雙層車廂的木製模型

設有單人座椅和吧檯的
高級自助餐廳

設有沙發和吧檯的
高級自助餐廳

四人用包廂的模型。實際列車採枕木方向
（鐵道枕木和座椅扶手平行的狀態）
配置包廂，但模型則是以軌道方向配置包廂

100 系的標誌

100系榮獲1986年日本鐵道之友協會頒發的
第26屆桂冠獎。照片是頒獎典禮上的一景

JR創辦紀念典禮上經過裝飾
的100系列車

列 車規格

寬度	全長(車頭)	全長(中間列車)
3,380mm	26,050mm	25,000mm

車體高度 4,000mm

列 車編組

1	2	3	4	5	6	7	8
自	自	自	自	自	指	指	グ 2F / カ 1F

9	10	11	12	13	14	15	16
開 2F / グ 1F	グ	指	指	指	指	指	指

※G編組的列車
※自:自由座　指:對號座　グ:綠色車廂　カ:咖啡廳　開:開放空間

行 駛路線

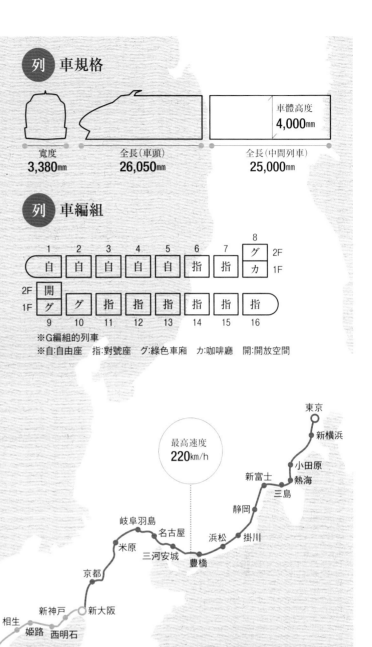

最高速度 220km/h

最高速度 230km/h (豪華光號)

東京
新横浜
小田原
熱海
新富士
三島
静岡
掛川
浜松
豊橋
三河安城
名古屋
岐阜羽島
米原
京都
新神戸
新大阪
相生
姫路
西明石
岡山
新倉敷
福山
新尾道
三原
東広島
広島
新岩国
新山口
徳山
厚狭
新下関
小倉
博多
博多南

0 Series

一切都從這裡開始。
新幹線的鼻祖

　　0系是全世界第一輛實現時速超過200公里的高速新幹線，由日本國鐵開發而成。1964年10月1日東海道新幹線開通時以12輛編組登場，除了普通車廂和綠色車廂以外還設有自助餐廳，可以提供輕食。之後長達21年間，在東海道‧山陽新幹線上奔馳的就只有0系列車。為配合新幹線需求增加與提高服務，時至2023年，已製造出了3216輛列車。

　　1999年9月18日結束在東海道新幹線的營運，但之後在山陽新幹線行駛至2008年12月14日，共持續行駛44年，是最長壽的車種。因為長期在線上行駛，為配合新幹線日益擴大的需求量以及提升服務品質，出現許多小改版或改良車款。因此，0系也存在各種列車以及編組形式，尤其是在山陽新幹線內還有像「西日本光號」這樣採2＋2列座位的寬敞配置以及4輛車廂的Q編組等獨特的列車類型。

D A T A　落成 ● 1964年　　　　　　　　　　材質 ● 普通鋼
　　　　　導入 ● 1964年10月1日　　　　　　編組數 ● 4輛／6輛／8輛／12輛／16輛
　　　　　限乘人數 ● 855（12輛）／1,342名（16輛）　所屬 ● 日本國有鐵道　JR東海　JR西日本

1964年7月15日，在試運行中首次駛入東京車站的0系。
當時是以6輛車廂為一編組，之後才再加掛6輛車廂，
重組變成12輛編組

0番台
1次車

以新幹線的試作車1000形A、B編組為基礎，以開業為目標而製造的1次車，為6輛車廂編組。和1000形外觀上的不同點，在於駕駛座上方的靜電天線形狀（棒狀→板狀）、車燈的燈泡數（1個→2個），以及並無編組番號的標示。

在試運行中與在來線特急「回聲號」並行的0系列車。
此列車也是讓新幹線成為日本交通命脈的重要旗手

N1編組,承造公司為日本車輛製造。
由量產先行車1000形C編組
(曾於鴨宮實驗路線進行試運行的車輛)
加上2次車6輛車廂重組後投入營運

T編組,承造公司為東急車輛製造。
照片中的T15編組於1970年4月完工,
原本的設計就是以12輛車廂為一編組

S編組,承造公司為近畿車輛。照片中的S5編組
於1964年5月完工,初期車輛的車頭外蓋為壓克
力材質,可以反射車頭燈和車尾燈。但因為容易
破裂造成維修上的麻煩,所以後來被換掉了

0番台
2次車

1964年10月開業當時的編組。每一
列車有12輛車廂,由1次車和2次車
(6節中間車廂)合組而成。編組的
編號前會加上代表車輛承造公司的
英文字母,共有N(日本車輛製
造)、R(川崎車輛)、K(汽車製
造)、S(近畿車輛)、H(日立製作
所)、T(東急車輛製造)等6種。

開業1個月前的9月19日,在舉辦試乘會時
駛入小田原站的S編組

H編組,承造公司為日立製作所。照片中的H2編組一開始只有6輛車廂,後來才追
加至12輛車廂。H編組的名稱,之後會變更為「光號」列車的編組名稱

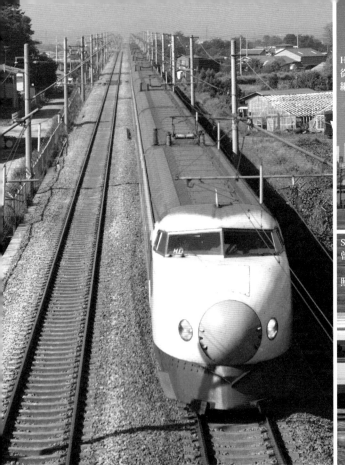

H編組。照片中的H41編組
從一開始就是由16輛車廂
編列而成

S編組。在1973～1974年的短短一年內，
曾作為12輛車廂的「光號」使用
（車廂編號並非1～4號車，而是5～16號車）。
照片中是前身為S55編組的H55編組

H編組。照片中為H1A編組，原先是日立製作所的
12輛車廂H編組，1970年擴編成16輛車廂。
同年年底更名為「光號」用的H25編組

0番台
用途別編組

自1971年12月起，編組命名方式改
成依用途而定，如16輛車廂的「光
號」用車為H編組、「回聲號」用
車為K編組。後來又推出了「光
號」用的S編組、「回聲號」用的S
編組和Y編組等。

0番台的側面。特徵是車窗很大，
且寬達1460毫米

K編組為16輛車廂的「回聲號」用車。照片中的K17編組，原本是用於「回聲號」的12輛車廂S17編組

S編組。1984年後曾作為又恢復成12輛車廂的「回聲號」使用（車廂編號為1〜12號車）。照片中是前身為「回聲號」16輛K12編組的S86編組

S編組。在1970〜1971年的短暫期間內，S編組曾運用在12輛車廂的「回聲號」（車廂編號為5〜16號車）。照片中是前身為R14編組的S38編組

Y編組。將「回聲號」S編組由12輛車廂，擴編成16輛車廂，隸屬於JR東海。 照片中為Y22編組

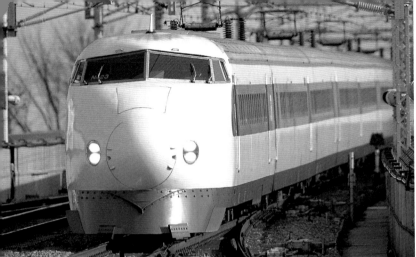

NH編組。為車頭等車廂由1000番台取代後所組成的「光號」用車。照片中的NH23編組是以H23編組為基礎,車頭、中間車廂等11輛則改由1000番台構成

N編組。一整列16輛車廂皆由1000番台所構成,僅有N97～N99等3個編組。全部都是在1976登場的新造車

1000番台

於1976年後登場。以下主要是針對車頭為1000番台的列車來作介紹。1000番台的側面車窗已縮小為630毫米寬,相較於0番台的1460毫米寬,兩者的差異顯而易見。總共推出了N / NH / K / Sk / Yk等5個編組。

1000番台的側面。跟0番台相比,側面車窗縮小了一半以上,又被稱為「小窗車」

K編組。以1000番台為車頭,由16輛編組而成的「回聲號」用車。照片中的K75編組是以K25編組為
基礎,由8輛1000番台的車頭和中間車廂,加上K5編組中間4輛車廂構成

SK編組。以K編組為基礎,將「回聲號」用車由16輛縮編至12輛。
照片中的SK9編組是將K58編組縮減為11輛車廂,再加上K24編組中間1輛車廂組成

YK編組。隸屬於JR東海,包含以1000番台取代Y編組的車頭等車廂,
或是將SK編組從12輛擴編至16輛。照片中為YK34編組,前身是SK編組

K編組。以0番台的K編組為基礎，
將車頭等車廂置換成2000番台的16輛編組。
於1983年～1984年投入營運

SK編組。以0、1000、2000番台的K編組為基礎，縮短成12輛車廂提供
「回聲號」使用。照片中的SK6編組，除了2000番台的車頭和3節中間車
廂是新造車外，其餘則是由K16、K75、K86編組的中間車廂所組成

2000番台

於1981年後登場。這裡主要是介紹
以2000番台為車頭的列車。側面的
車窗比1000番台略大一些，有720
毫米寬，座椅間距也從0番台、
1000番台的940毫米拉長變980毫
米。共有NH / K / Sk / Yk等4個
編組。

2000番台的側面。側面車窗的
面積比1000番台再稍微大些，
又被稱為「中窗車」

NH編組為車頭等車廂改為2000番台的「光號」用車。
照片中的NH54編組是以H54編組為基礎,將車頭、
中間車廂等10輛改由2000番台構成

YK編組。隸屬於JR東海,包含以2000番台取代
Y編組、1000番台YK編組的車頭等車廂,或是
將SK編組擴編至16節車廂。照片為YK34編組,
前身是SK編組

1984年登場的R0編組，最初為6輛車廂。
由0番台構成，車頭來自K20編組、
中間車廂來自H56編組和INH30編組

主要由2000番台構成
的初期R1編組

R編組

自1984年起投入山陽新幹線營運的6輛編組列車，主要用於「回聲號」。基本上並非新造車輛，而是由原有的編組進行重組，但由於車頭的數量不足，因此也推出以15形和16形的綠色車廂為基礎改造成車頭的3900番台。

由1000番台構成的R4編組。
1992年將2號車廂置換成0番台的車輛

由於R編組的列車數量很多，因此出現車頭不足的問題。R23編組的車頭就是由綠色車廂改造而成，也是唯一擁有3900番台車頭的編組

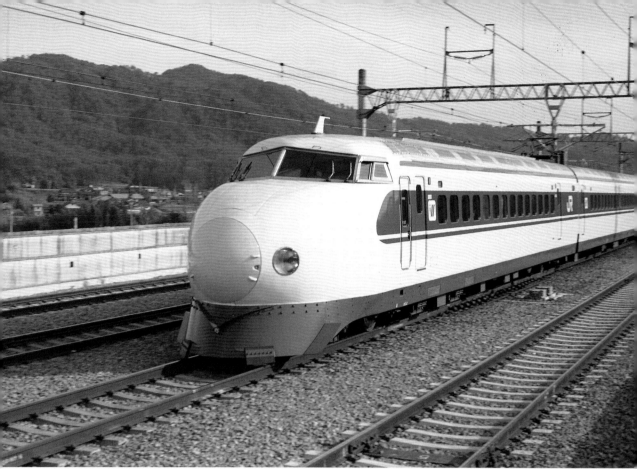

將原本2000番台的R2、R3編組等列車,改造成7000番台「西日本
光號」規格的R52編組。以6輛車廂為一編組,車窗旁印有Logo

R編組
5000番台／7000番台
5050番台／7030番台

1988年山陽新幹線內的速達型列車「西日本光
號」登場。以R編組5000番台／7000番台作為
專用車,普通車廂採2+2座椅配置且設有自
助餐車。車身上有細條紋裝飾。1997年在其他
系統內用於「回聲號」的R編組,將3人座位改
造成可以轉向的設計,並且更名為5050番台
／7030番台,車身上有細條紋裝飾。

設備改良車的Logo。照片中雖然是R23編組,但與3900番台的舊
R23編組完全不同,是由NH54編組等改造而成的7030番台車輛

5030番台車頭的R3編組,是1000番台車頭的
NH1編組經改造後,與NH54編組等重組而成

將1000番台SK編組的
一部分改造成5000番台，
以12輛車廂組成「西日本光號」
投入營運。照片中為SK5編組

SK編組
5000番台／7000番台

「西日本光號」原本是為了增加與航空業競爭的優勢而投入的車輛，結果大獲好評。也曾推出R編組連結綠色車廂所組成的8輛編組列車，1988年夏天則有加掛自助餐車的12輛編組列車登場亮相。其中有部分還設有可觀看電影的電影車廂。隨著700系「光號鐵路之星」的問世，「西日本光號」也正式結束運行，縮減車廂後更名為R編組。

將2000番台SK編組的一部分改造成7000番台，以12輛車廂組成「西日本光號」投入營運；另外還有一部分是縮減成6輛車廂後，改為R編組7000番台。照片中為SK25編組

照片中為R64編組。由於用於「西日本光號」的SK編組縮減後改為R編組，因此基本上都是由7000番台構成

R編組
7000番台

包含將設備改善車的 R編組7030番台改成2+2列座位配置的列車，以及將原本用於「西日本光號」的SK編組改為6輛車廂的「回聲號」。2002年～2003年，烤漆變更成灰底搭配嫩綠色的色帶。於2008年12月退役前，又再度改回了白底藍帶的配色。

由普通車廂改造成的車頭，加上R11編組的中間車廂重組而成的R67編組。只有這個編組擁有7900番台車頭的列車

又恢復成白底藍帶配色的R編組7000番台。此編組是最後一批退役的0系，最後一班下行列車是R61編組，最後一班上行列車是R68編組

以1000番台的NH23編組為基礎，
由4輛車廂所組成的Q1編組。
當初名為R51編組（第2代）

Q編組

用於山陽新幹線「回聲號」的 4輛編組。
1997年投入服務，行駛於廣島～博多間。並
非新造車輛，而是重組既有編組的車廂而
成，以0番台和1000番台為基礎。

以1000番台的R26編組為基礎
所組成的Q4編組（第2代）。
第1代的Q4編組為0番代的車頭

0系自1999年9月18日起結束在東海道新幹線的營運。
當時車頭貼有照片中的文字

紀念東海道新幹線開業20週年，
車頭上以大大的文字和標誌裝飾

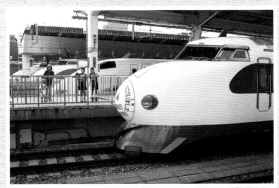

在東京車站和300系、200系一起露臉的0系。
35年之間東京車站的樣貌都沒有什麼改變

當作天皇、皇后、皇太后御用列車運行時的0系。
車燈旁有藍色的色帶

JR開業第一天，車頭上有裝飾的0系。
上面以大大的文字寫著「請多指教JR」

為了準備開通新大阪～岡山區間，
而在東京～岡山進行直通試運轉時的一景

⓪ 番台、1000番台的內裝

1000番台的內裝。除了車窗大小之外，其他和0番台沒有差異

2+3列的座椅配置。不能調整椅背角度，但可以推動椅背讓座椅轉向

0番台、1000番台的綠色車廂

② 000番台的內裝

2000番台的車內風景。內裝按200系的列車設計

2000番台的綠色車廂。這裡也是按200系的列車設計

0番台的自助餐車廂。當初開業時沒有連結餐廳車廂，但可以在自助餐車廂用餐

西 日本光號的內裝

2+2列的座椅配置。這個座位配置現在承襲至山陽新幹線的對號座車廂

2+2列座位的西日本光號。座位配置非常寬敞

這張照片也是2+2列座位的西日本光號。乘客正在車內休息

西 日本光號的特徵

西日本光號改造自助餐廳後的餐車
「西日本咖啡」

西日本光號擁有不進行車內廣播的
「寧靜車廂」以及在車內播放電影的
「電影車廂」

電影車廂的電影票販售處。
開業時有設定電影觀賞費用，
後來就變成免費服務了

主要提供咖哩飯

電影車廂中也有設置辦公桌
的商務空間

列 車規格

寬度
3,380mm

全長(車頭)
25,150mm

全長(中間列車)
25,000mm

車體高度
3,975mm

最高速度
220km/h

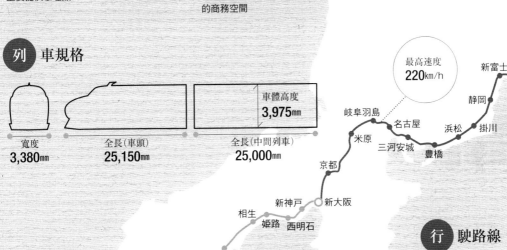

東京
新横浜
小田原
熱海
三島
新富士
静岡
掛川
浜松
豊橋
名古屋
岐阜羽島
三河安城
米原
京都
新大阪
新神戸
西明石
姫路
相生
岡山
新倉敷
福山
新尾道
三原
東広島
広島
新岩国
徳山
新山口
厚狭
新下関
小倉
博多
博多南

行 駛路線

列 車編組

1	2	3	4	5	6	7	8
自	自	自	指	ビ自	指	指	グ
指	指	指	指	指	指	指	指
9	10	11	12	13	14	15	16

※YK編組的列車
※自:自由座　指:對號座　グ:綠色車廂　ビ:自助餐車廂

集合!!
meet up

試験列車

MAGLEV

超越當前所有的鐵道車輛
時速可達500公里以上的近未來車輛

超導磁浮列車（利用超導體的原理使其上浮10公分）是最新研發出來的鐵道系統，大多簡稱為 MAGLEV，字源來自於「MAGnetic LEVitation」（磁浮）。由於行進過程中不需碰觸鐵軌或架線，不僅能跳脫物理性接觸的框架，加上懸浮於離地10公分處，若遭遇地震等突發狀況時可立即安全停車。

列車配備的超導磁鐵透過導軌上的電磁鐵使其移動。當列車行駛時，車輛的超導磁鐵便會在導軌內的線圈上感應出電流並產生磁性，兩個磁場互相推斥的結果，就能使車體懸浮起來並調整左右位置。

接下來會介紹日本國鐵的鐵道技術研究所（後來的鐵道綜合研究所）於1972年實現首次懸浮運行的測試車輛，以及由JR東海研發用於磁浮中央新幹線的L0系測試車輛。

為了執行LSM的實驗、利用超導體使車體懸浮等目的而開發的實驗車輛。LSM推進方式是讓實驗車輛在不懸浮的狀態下，透過裝設在軌道側壁的LSM線圈獲得推進的驅動力

在磁懸浮的實驗中是以平行排列的LIM作為推進系統

左右兩側雖有車輪輔助，但已成功利用超導體來產生磁懸浮

從使用液態氦進行冷卻的實驗中，已得知管道會呈凍結狀態

LSM200

自1971年起投入研發的線型同步馬達（linear synchronous motor）實驗裝置。為首創使用超導電磁鐵的測試機，並於1972年3月率先全球成功利用電磁感應作用使之懸浮在空中。LSM200的命名，則源自於線型同步馬達的英文縮寫LSM及長220公尺的導軌而來。

採用曾在LSM200的實驗中作為驅動方式的LIM推進系統。
在公開運行時，車輛橫跨於倒T型的導軌上，
運用磁力互相排斥使車體懸浮於軌道上

ML100

為紀念日本鐵道100週年而開發的超導磁浮實驗車。採用線型感應馬達（linear induction motor）推進，車輛的左右都配有超導磁鐵，最多可容納4名乘客。公開實驗時為空車行駛，之後才由開發人員進行載人行駛。

可以看到導軌上
鋪滿著超導線圈

全長7公尺、
全高2.2公尺、
全寬2.5公尺、
質量3.5噸，
最高時速為60公里

由於是公開展示用，
因此選擇了較為討喜
的外觀設計

倒T型導軌與ML100相同，但推進方式跟LSM200一樣皆為LSM。側壁的線圈是作為推進和導引用，地面的線圈則是支撐用。備有低速運行時的輔助支撐車輪

全長13.5公尺、全寬3.7公尺、全高2.9公尺、質量10噸，
最高時速為517公里

由於高速行駛時車頭會升起，
因此也加裝了尾翼進行實驗

ML為Magnetic levitation的簡稱，
500指的是目標時速500公里

ML500

在宮崎縣的專用實驗軌道上，以時速500公里為目標所開發的無人車輛。同時也為了確認採用LSM作為推進系統的可能性。1977年9月21日舉行啟動儀式，1979年12月12日於測試運行中達到時速504公里，同月21日創下了時速517公里的最高速度。

目前使用中的原型如透過側壁線圈來推進和導引、低速時以輔助支撐車輪來行走等，在此時間點其實已經完成。
（照片提供：公益財團法人鐵道綜合技術研究所）

ML100A

於1975年3月完成的實驗機，為ML500的前身。採用LSM方式作為推進系統，成功完成過程中不跟軌道接觸的行走測試。也是一款為了實驗讓地面上的推進線圈能兼具導軌功能而開發的車輛。

ML500R

ML500的改造車。為了將用來冷卻超導線圈的液態氦能在車輛內完成重新冷卻，而搭載了獨自開發的氦氣冷凍液化裝置。由於配有改造後的超導磁鐵、氦冷凍機／壓縮機、驅動用汽油引擎等設備，車輛的重量約13噸。

挑戰在車內讓蒸發後的氦氣重新冷卻進行液化，這在當時可是前所未有的嘗試。由於重量增加等因素，最高時速只有204公里
（照片提供：公益財團法人 鐵道綜合技術研究所）

載人運行後考量到車輛的性能，
箱型車輛的截面積小、
重心位置也較低，因此將導軌改為U型

MLU001

以朝著實用化、載人行駛、多量車廂行走實驗為目標的車輛。能進行1～3輛車廂的運行測試，且各車廂皆搭載不同類型的氦冷凍機。每節車廂的質量均為10噸。1980年11月18日開始實驗運行，並於隔日進行了雙節車廂併結行走的測試。

全長10.1公尺、全寬3.0公尺、全高3.3公尺，
中間車廂全長8.2公尺、全高3.2公尺

為了便於車廂連結
而設計成獨特的形狀

用於載人運行的列車，車頭可容納8
人、中間車廂可容納16人

首次以雙節車廂進行試運行，
最高時速為405公里

在3輛車廂的運行實驗中，
創下了最高時速紀錄352公里

由於變更成U型導軌，
又重新朝側壁方向安裝了
輔助支撐車輪

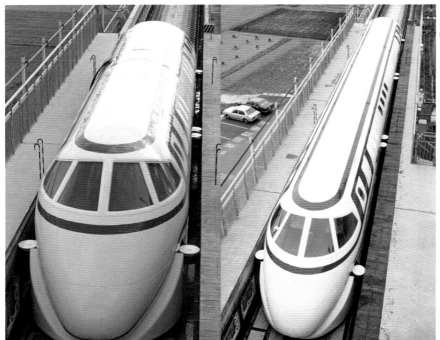

MLU002是國鐵時代製造的最後一台車輛。看起來是雙節車廂編組，
但其實只有單節車廂。時速最高可達394公里

MLU002

以能讓多人實際試乘為目的所製造的車輛。座位數有44個，也一併確認其舒適性和安全性。1987年3月完工。1991年10月於運行測試時發生事故，在牽引途中因起火而全部被燒毀。

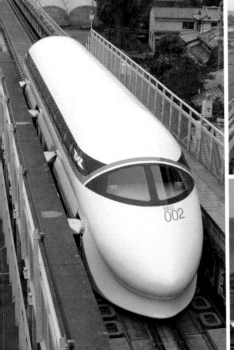

全長22.0公尺、全寬3.0公尺、全高3.7公尺、質量17噸，最多可容納44人

往左右導軌方向延伸的是導引煞車輪，內側有導引腳

沒多久後日本國鐵就走向民營化，
JNR標誌也被換成了JR字樣

外觀與MLU002幾乎無異,但車身重量稍微增加到19噸。
全長22.0公尺、全高3.0公尺,全寬3.7公尺

車頂的一部分設有往上升起的氣動煞車裝置,
嵌入車頂的鑄件就是氣動煞車的平板

▍ MLU002N

針對MLU002的事故,強化防火對策、提升搭乘舒適性、搭載碟煞車輪和氣動煞車等裝置,以商業化運行為前提所推出的試作原型車。

1994年2月創下時速431公里的空車行駛紀錄,1995年1月載人行駛的時速亦達到了411公里。

雙尖頭形的車頭。從照片可能看不太出來，
前端就像是可從車底攫起空氣般的獨特形狀

氣動楔形的車頭，前端呈現平緩的圓弧狀。
從MLX01之後的車款，導引煞車輪、
導引腳皆可收納於車身內

▎MLX01

1996年導入，專門為山梨縣實驗線而開發的
車輛。採用全新設計的車頭形狀，一開始有
氣動楔形和雙尖頭形兩種不同造型，2002年

新推出的長鼻形車頭，外觀與目前的L0系極為相似。
中間車廂設計為試乘用，備有68個座位

於山梨磁浮實驗線興建之際，
由JR東海所製作的超導磁浮列車模型。
1988年曾放置在東京車站八重洲北口展示

又追加了能改善空氣動力特性的長鼻形。時
速最高可達581公里。

最初投入的900番台列車於前後都設有車頭。
在載人行駛中創下了時速603公里的紀錄，
但未來營運時的最高時速，將設定在500公里

以900番台的測試結果為基礎，打造出將車頭
形狀最適化的950番台，能夠減少13%的空氣阻力。
此外，還將前置鏡頭及前照燈的位置上移

L0系

磁浮中央新幹線的營業用規格車輛。以MLX01-901為藍本的車頭線條流暢，為確保乘坐舒適性，採用了四角型的車廂截面。最初是搭載燃氣渦輪發電裝置供車內電源使用，2020年登場的950番台則改以感應電流收集系統來供電。

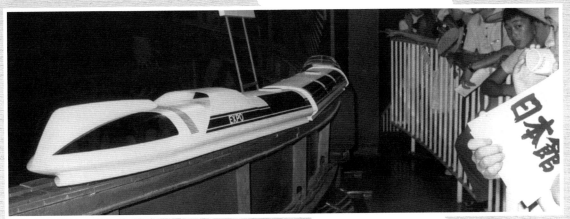

1970年在大阪萬國博覽會日本館所展示的
磁浮列車行駛模型，深受歡迎

1971年12月時已存在於國鐵的磁浮列車模型，
跟之後的ML100形狀很相似

行 駛路線

品川
神奈川県（暫定）
山梨県（暫定）
長野県（暫定）
岐阜県（暫定）
預定2027年
開業
名古屋
預定2045年
開業
新大阪

連結!!
joint

試作列車

東海道的實驗路線 —— 鴨宮基地（當時）的樣貌。
後方為A編組，前方為B編組列車

1000形A編組B編組

B編組列車。靜電天線的形狀和0系完全不同　　　A編組列車。車窗面明顯較大

為了開發全世界第一台高速鐵道專用車輛的目標，於1962
年推出了這款可進行各種測試的車輛。共有2輛車廂的A
編組和4輛車廂的B編組兩種類型，也是0系的原型車。在
綾瀨～鴨宮間的實驗路線上，曾創下最高時速256公里的
紀錄。

行駛於實驗路線的B編組

停靠在山陽新幹線西明石站的951形。
此時為2輛車廂編組（1974年2月22日）

上：951形的側面。呈現車燈後方突出的獨特造型。
下：和961形並列的951形（後方）

為了提升新幹線的速度，於1969年所開發的性能測試
車輛。1972年2月24日，在開業前的山陽新幹線相生～姬
路區間創下時速286公里的紀錄（當時0系最高時速為210
公里）。

創下最高時速286公里紀錄時的速度計
（1974年2月24日）

951 高速實驗列車

於小山附近事先建成的新幹線綜合實驗線。藍色帶的新幹線奔馳在東北新幹線路線上

1978年6月9日在東北新幹線小山站進行實驗列車出發儀式的樣貌

普通寢台車上下臥鋪的下鋪

特級寢台（包廂）。配備上下臥鋪以及沙發

普通寢台車廂的上下臥鋪。和寢台特急的形式相同

特級包廂A。擁有寬敞沙發和桌面的包廂，同時也是後來100系列車的包廂原型

專為新幹線各種實驗而在1973年開發的列車。6輛車廂編組，除了客艙之外還有餐廳車廂以及當時規劃的寢台車廂。另外，曾於東海道‧山陽新幹線、東北新幹線的實驗路線上進行過測試。

961形

特級寢台A和B的單人包廂。設有門扉以及單人床

設有寬敞桌面的餐廳車廂，同時也成為後來0系列車的餐車原型

特級寢台C的單人包廂。設有沙發和迷你桌面

車頭形狀各有不同，照片中這一輛是往東京的6號車。宛如飛機座艙罩的駕駛席是一大特徵

駕駛席旁有JR west的標誌。

1號車車頭形狀總讓人想起之後的500系

JR西日本為試圖將山陽新幹線的營運時速提升至350公里,於1992年所開發出的高速測試用車輛。同年便實現了時速350公里的目標,創下當時日本國內最快的紀錄。以6輛車廂為一編組,兩端車頭的形狀有所不同。雖然設計風格迥異,但可稱得上是500系的原型。

WIN350
(500系900番台)

WIN350這個暱稱是源自「West japan railway's INovation for the operation at 350km/h」(以時速350公里營運的JR西日本大革命)的簡稱

STAR21
(952・953形)

　　JR東日本在1992年為開發高速新幹線而打造的實驗列車。取「Superior Train for Advanced Railway toward the 21st century」的字首，命名為STAR21。目標為解決高速前進時的噪音和震動等環境問題並維持穩定行駛。除了重量減輕到原有新幹線的一半，也在1993年12月創下時速425公里的紀錄。列車為9輛車廂編組，車頭形狀各異。

車頭的形狀皆為楔形，但略有不同。
往東京方向的1號車廂，車頭越前面越窄

隸屬JR東日本的各種新幹線（當時）全員到齊。
STAR21的實驗結果也應用在之後的新幹線上

953形是日本新幹線中唯一使用關節式轉向架的列車

中間的5號車廂，以斜線區隔出前後車輛的兩種色調。
左側以關節式轉向架連接，右側為一般轉向架

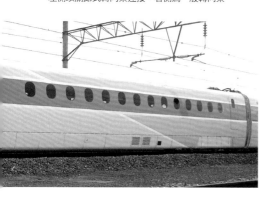

往盛岡・新潟方向的9號車，車頭形狀是越前面越寬。
但從側面看的話，1號車和9號車並沒有什麼不同

1號車廂。因為可以減少空氣阻力，
故採用呈現尖嘴形的車頭。

300X (955形)

1996年JR東海為了開發300系之後的高速新形列車而製造這款實驗列車。同年，就達到了當時日本國內的最高時速443公里。大型集電弓外蓋為一大特徵。1號車廂和6號車廂的外觀各有不同。

從正面看1號車廂。看起來很像後來的700系

駕駛席下方有300X的Logo。1號車廂面朝博多方向

FASTECH 360S

（E954形）

為了在高速行駛中突然緊急剎車時，可憑藉空氣阻力
達到剎車效果而加裝的裝置。不過，在時速320公里行
駛的狀態下，就算沒有這項裝置，也可能獲得和現行
列車一樣的剎車效果，所以在E5系並未採用

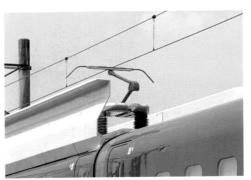

為提升高速行駛中的集電性能、解決噪音問題而開發
的單臂集電弓，側面還設有降低噪音的Z型隔音板

JR東日本為了達到以時速360公里行駛的技術目標而開發這款新幹線高速實驗列車，最高時速可達405公里。也就是現在的E5系的原型。以「時速360公里的列車原型」、「了解高速行駛時的現象」、「近未來的舒適移動空間提案」為概念，名稱取自FAStTECHnology＋360 km/h＋Shinkansen。

往東京的1號車廂和往八戶的8號車廂（車頭）各自採不同設計。1號車廂命名為Stream-line（左），8號車廂命名為Arrow-line（右）。除了提升行駛速度以外，也力圖防範雪害、控制噪音、提升乘坐舒適度。

從2005年6月到2007年間進行行駛實驗。

FASTECH 360 S的Logo。圓圈象徵未來，點點象徵高速實驗電車乘載的夢想。標誌呈現速度感以及銳利感，另外以小字表達列車平易近人的親切感

剷雪器的邊緣是噪音來源之一，因此不使用的時候就會像照片中裝上蓋板

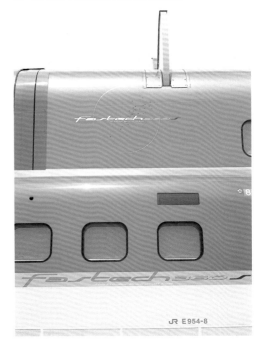

FASTECH 360Z
（E955形）

　　希望迷你新幹線能與新幹線專用列車一樣高速行駛並擁有相關性能，故於2006年開發這款實驗列車。以6輛車廂編組，1號車廂和6號車向的車頭皆為Arrow-line，但車頭分別為13公尺和16公尺，長度不同。

看得出來現在E6系幾乎完整保留車頭的形狀

和FASTECH 360 S相同，都配備以空氣阻力為煞車的系統。後來在E6系也沒有採用

左邊為車身間的減震器。右邊的集電弓與E6系雷同，但礙子的位置不一樣

呈板狀展開的集電弓隔音板，
於在來線區間會自動收合起來

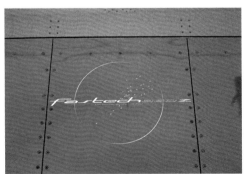
FASTECH 360 Z的Logo。設計基本上和FASTECH
360 S一樣。Z表示在來線的拼音（Zairaisen）

往東京方向的1號車長達16公尺，
比E5系的車身還多了1公尺，
且保有與E5系一樣的車內空間

ALFA-X
（E956形）

Logo印在幾乎沒有開窗的5號車廂側面，為「Advanced
Labs for Frontline Activity in rail eXperimentation」
的縮寫，意指進行先端鐵道實驗的先進實驗室

9號車為綠色車廂，與現行的E5系採同樣配置。
頭等艙車廂設在8號車，為了比較室內環境的評價，
又將空間分成兩個部分

往新函館北斗方向的10號車備有22公尺長的新型車鼻
此設計是為了進行減少隧道微壓波噪音（列車進入隧道撞擊空氣後
在駛出隧道時以噪音或震動的形式向外放射的現象）的測試

JR東日本為了開發次世代新幹線所推出的測試車輛，2019年5月完工後即開始進行試運行。

目標在確保安全性與穩定性的前提下，於北海道、東北新幹線內達到最高時速360公里的營業運行。除了高速運行外，還備有當地震發生時能夠及時停車和不易脫軌的結構，並透過減少震動和過彎時的傾斜角度，以增加乘坐的舒適感。同時，也致力於降噪等環境性能並提升車輛的可維修性。此外，為了將來的自動運轉模式而進行的車輛控制基礎研究開發，也是這台車輛的任務之一。

以10輛車廂為一編組，車頭的1號車和10號車各有不同的形狀。中間車廂的窗戶大小及開窗與否，也都是為了測試客室環境的變化。基本上以360公里的時速行駛，但也曾進行過時速400公里的測試運行。

之後將以這台車輛的測試結果為基礎，著手開發用於北海道、東北新幹線的新型車輛（E5系的後繼車輛）。

起先搭載了兩種新開發的低噪音集電弓，
後來才改為一次搭載一種進行測試

車身側面的目的地顯示器為全彩LED，
也可顯示Logo等資訊

車頂上的黃板是空力抵抗板裝置。由於「FASTECH
360」列車的抵抗板尺寸較大太佔空間，因此
ALFA-X改採小尺寸且分散配置的方式

1998年製造的第一次實驗列車為3輛車廂編組。執行行駛實驗直到2006年為止。在新幹線區間達到最高時速200公里，在來線區間則達到時速130公里

Author: Japan Railway Construction, Transport and Technology Agency

2007年製造的第二次實驗列車為3輛車廂編組。執行行駛實驗直到2013年為止。在新幹線區間達到最高時速270公里，在來線區間則達到時速130公里。當初因為在來線區間的彎道而無法高速行駛，後來已經改良

2014年製造的第三次實驗列車為4輛車廂編組。在新幹線區間的最高時速為270公里，而在來線區間則可達到130公里。原本打算以這輛車的測試結果為基礎，導入西九州新幹線的路線使用，但因為需要時間釐清問題並改良，故延後了導入的時間

軌距可變列車
Free Gauge Train

　　為了實現穩定的高速行駛和大量運輸，新幹線比在來線的軌道寬368毫米。不過，也因為軌距不同，新幹線無法直接進入在來線，對使用者來說連接上很不方便，而且重新建設新幹線用的軌道（或者更改在來線的軌道）也有成本上的問題。

　　因此，研究開發出軌距可變列車。藉由自動切換車輪的間隔，讓列車可以接續行駛於新幹線1435毫米和在來線1067毫米的軌道上。

　　自1994年開始研究開發，現在已經製造出3款實驗列車。原本也預計要投入西九州新幹線和北陸新幹線服務，但計畫目前已經中止。

Author: Japan Railway Construction, Transport and Technology Agency

檢測列車

921-1試運轉的情形。用0系車牽引進行檢測

921形

檢測新幹線軌道的專用列車，可在時速160公里的狀態下檢測。尚為模型時共有被稱為4000形的921-1和921-2兩款列車。921-1可以在低速的狀態下自行行駛，但921-2只能被牽引。高速行駛時，兩款列車都是在0系或911形等火車頭牽引的狀態下進行檢測。

上：可以低速自走的921-1。在新幹線或火車頭牽引下可進行高速檢測。於1962年登場
下：921-2只能單純進行檢測，無法行駛。於1964年登場

922形 T1編組

改造1000形B編組的列車，可以在高速狀態下檢測電力、訊號等項目。沿用B編組時的4輛車廂改成檢測列車。於1964年登場，後來在T2編組出現後退役。

由7輛車廂組成，將執行軌道檢測的921形安插在5號車的位置。整體看起來僅檢測車廂的長度較短，以及備有3個轉向架都是明顯特徵

922形 T2編組

　　1974年登場的第一輛電力軌道綜合檢測車。過去軌道和電力檢測是分別由921形和922形進行，這輛檢測車讓兩個項目可以同時進行檢測。以0系的大車窗為基礎的7輛編組，可在時速210公里的狀態下進行檢測。國鐵民營化之後，這輛檢測車隸屬於JR東海。在T4編組登場後退役。

*922*形 *T3* 編組

　為因應山陽新幹線延伸至博多後乘車需求增加，以及確保在T2編組入場檢查時也能進行檢測作業，而準備T3編組。以0系的小車窗列車為基礎，功能和T2編組一樣，在1979年正式登場。國鐵民營化之後隸屬JR西日本，除此之外，車頭也塗成黃色。T5編組登場後便退役。

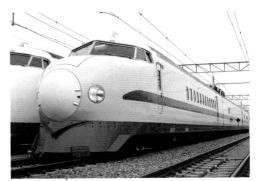

國鐵時代的T3編組，當時的車頭外蓋還是白色塗裝

922形T2編組和T3編組進行自動分離合併檢測的樣貌。此一編組結構在民營化後也實際運用在東北新幹線上

*923*形 *T4*編組

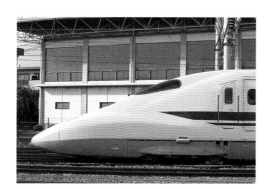

　以700系的列車為基礎的檢測車輛,可以在時速270公里的狀態下進行檢測。隸屬於JR東海,於2001年登場。車頭裝設有監視器,和700系給人的印象略有不同。以「Doctor Yellow」的暱稱為人熟知。

*923*形 *T5*編組

2005年登場，隸屬於JR西日本的檢測車輛。基本上與T4編組相同，但主要是以700系B編組（3000番台）為藍本。T4編組和T5編組平時大多都在東京的大井基地待命。

*E926*形
*S51*編組

　2001年登場，隸屬於JR東日本的電力軌道綜合檢測車，命名為East i。以E3系為基礎的6輛編組，是第一台能同時檢測新幹線區間和迷你新幹線區間的車輛。車上備有電源頻率的切換裝置，檢測範圍可遠至JR西日本地區的北陸新幹線區間（上越妙高～金澤）。

穿越青函隧道前往北海道。不只JR東日本全線，也檢測JR北海道的新幹線區間

車頭側面大大標示著East i的Logo。
本編組是第一個標示電力軌道綜合檢測車Logo的列車

登場時和200系一樣採用白＋綠的烤漆

配合925形S2編組登場，改成黃＋綠的烤漆

*925*形 *S1*編組

　　1979年登場，專為東北、上越新幹線製造的電力軌道綜合測試車。也是之後200系的原型之一。和922形T2編組一樣都是7輛車廂編組。於北陸新幹線長野開業時，也能對應50Hz及60Hz兩種電源頻率。2002年在E926形登場後已正式退役。

925形 S2 編組

1983年登場的電力軌道綜合檢測車，是以200系的試作車926形為基礎改造而成。由於前身為試作車，所以部分車窗呈現被封起來的狀態。與其他的檢測車一樣，都是將長度比一般車廂短的軌道檢測車，安插在5號車的位置。

不只軌道檢測，還可以用在高速測試。
高速實驗時會把軌道檢測用的5號車拆下

改造成S2編組前的962形。原本是200系的試作列車

5號車的軌道檢測列車921-41。
當初的烤漆顏色為綠＋白

除了牽引921形，還有救援新幹線的目的。
國鐵民營化後隸屬JR東海

911形

新幹線規格用的柴油引擎車，這是為了在高速運轉下進行軌道測試和運送鐵軌而投入的車輛。為日本最快的柴油引擎車，能以最高時速160公里牽引921形軌道檢測車。

912形

新幹線規格用的柴油引擎車，由DD13形柴油引擎車改造而成。最高時速為70公里，主要用於維護軌道。

新幹線
的大小事

車頭的下半部外觀接近700系，但上半部則經過變更。
另外，從照片也可以看出沒有乘務員專用的車門

台灣高速鐵路
700T型

高速鐵路列車700T型，只需1個半小時就能連結位於台
北和高雄兩個分別位於台灣北跟南的城市。這是JR東海和
JR西日本為了海外出口用而開發的列車，以700系新幹線
為基礎加以改良而成。

除了最高時速提升到300公里之外，車頭形狀和700系有
些許差距。12輛車廂編組和車體側面有無乘務員專用車
門、車內設備都是專為台灣高鐵公司客製的項目。

工程進行中的東京車站，中間是在夾線，右側前可以看到東海道新幹線月台和軌道建設中的情形

東海道新幹線

工程進行中的新大阪車站。
前方為博多方向。
後方是東海道本線，
前面的軌道是御堂筋線

新幹線
通車之前
～工程進行中的樣貌～

1964年，東海道新幹線的東京～新大阪區間開業。
之後，山陽新幹線、東北新幹線、上越新幹線、
山形新幹線、秋田新幹線、北陸新幹線
（當時為長野新幹線）、九州新幹線、
北海道新幹線等新幹線網絡一一擴充。
本文從東海道新幹線開業時的
工程樣貌開始回溯。

靜岡～熱海區間的新丹那隧道工程的樣貌。
左側為東海道本線

京都～新大阪區間高架工程的
樣貌。高架軌道的前方是京阪
神急行電鐵京都本線，為了完
成新幹線工程，阪急在之後也
開始高架軌道工程。阪急列車
曾在工程期間使用新幹線的軌
道。圖片為1963年的資料

山陽新幹線

1973年博多站建設工程時的樣貌。
中央為在來線，旁邊正在進行新幹線用的基礎工程。
順帶一提，照片中的列車是寢台特急金星號

新下關～小倉間的新關門隧道工程樣貌。
上方的照片是開挖面。
兩張照片都是1971年當時的樣貌

東北新幹線

平行東北本線石橋～
雀宮區間的高架工程

攝於東北本線宇都宮貨物總站附近，
高架橋建設中的樣子

一之關隧道與第一北上川橋樑正在
鋪設軌道的樣貌。攝於1978年

上越新幹線

大清水隧道保登野澤斜坑工程現場的遠景

1978年當時的大清水隧道內部。鐵軌已經架設完成，但還未鋪設版式軌道

北海道新幹線

青函隧道為了讓新幹線列車通過，故設計為新幹線規格。於1988年開通

從新函館北斗延伸至札幌途中的渡島隧道。攝於2021年

北陸新幹線金澤以西

2016年當時福井站的工程模樣。
高架橋是已先行完成的建設，
越前鐵道在高架施工的期間曾經借用過

正在施工中的福井站。
左側是建設中的站舍，
右後方即越前鐵道

2019年敦賀站正在建設中的模樣。
前方是在來線，後方是興建中的
新幹線高架橋

西九州新幹線

嬉野溫泉～新大村間的高架橋。
當時尚未鋪設軌道

銜接千錦川橋樑的
鹽鶴隧道長崎方向坑口

2019年為了興建新幹線月台而開始進行大規模改造
的長崎站。左側是新幹線運行的高架橋，原本在右
側的在來線目前已移至左後方

國家圖書館出版品預行編目資料

新幹線全車種完全圖鑑：網羅最新N700S到懷舊0系、
試驗、檢測列車／レイルウエイズグラフィック作；
許懷文翻譯. -- 第二版. -- 新北市：
人人出版股份有限公司，2023.12
面；　公分 · -（日本鐵道系列）
譯自：新幹線全車種コンプリートビジュアルガイド
ISBN 978-986-461-365-6（平裝）

1.CST:高速鐵路　2.CST:鐵路車輛　3.CST:日本

557.2631　　　　　　　　　112018554

【日本鐵道系列 3】

新幹線全車種完全圖鑑
網羅最新N700S到懷舊0系、試驗、檢測列車

作者／レイルウェイズグラフィック

翻譯／許懷文

編輯／林庭安

發行人／周元白

出版者／人人出版股份有限公司

地址／231028新北市新店區寶橋路235巷6弄6號7樓

電話／(02)2918-3366 (代表號)

傳真／(02)2914-0000

網址／www.jjp.com.tw

郵政劃撥帳號／16402311人人出版股份有限公司

製版印刷／長城製版印刷股份有限公司

電話／(02)2918-3366(代表號)

香港經銷商／一代匯集

電話／(852) 2783-8102

第一版第一刷／2019年10月

第二版第一刷／2023年12月

第二版第二刷／2024年7月

定價／新台幣500元
　　　　港幣167元

ZOUHOKAITEIBAN SHINKANSEN ZENSHASHU
COMPLETE VISUAL GUIDE
Copyright© 2021 RGG-PHOTO
Copyright© 2021 Graphic-sha Publishing Co., Ltd.
This book was first designed and published in Japan
in 2021 by Graphic-sha Publishing Co., Ltd.
This Complex Chinese edition was published
in 2023 by Jen Jen Publishing.
Complex Chinese translation rights arranged with
Graphic-sha Publishing Co., Ltd. through
CREEK & RIVER Co., Ltd.
Original edition creative staff
Photos: Masatoshi Matsumoto
Art direction: Hiroki Higa
Design: Manabu Yazaki (flare), Hiroshi Komiyama
Editing: Akira Sakamoto
(Graphic-sha Publishing Co., Ltd.), Mariko Hayashi (Stan!)